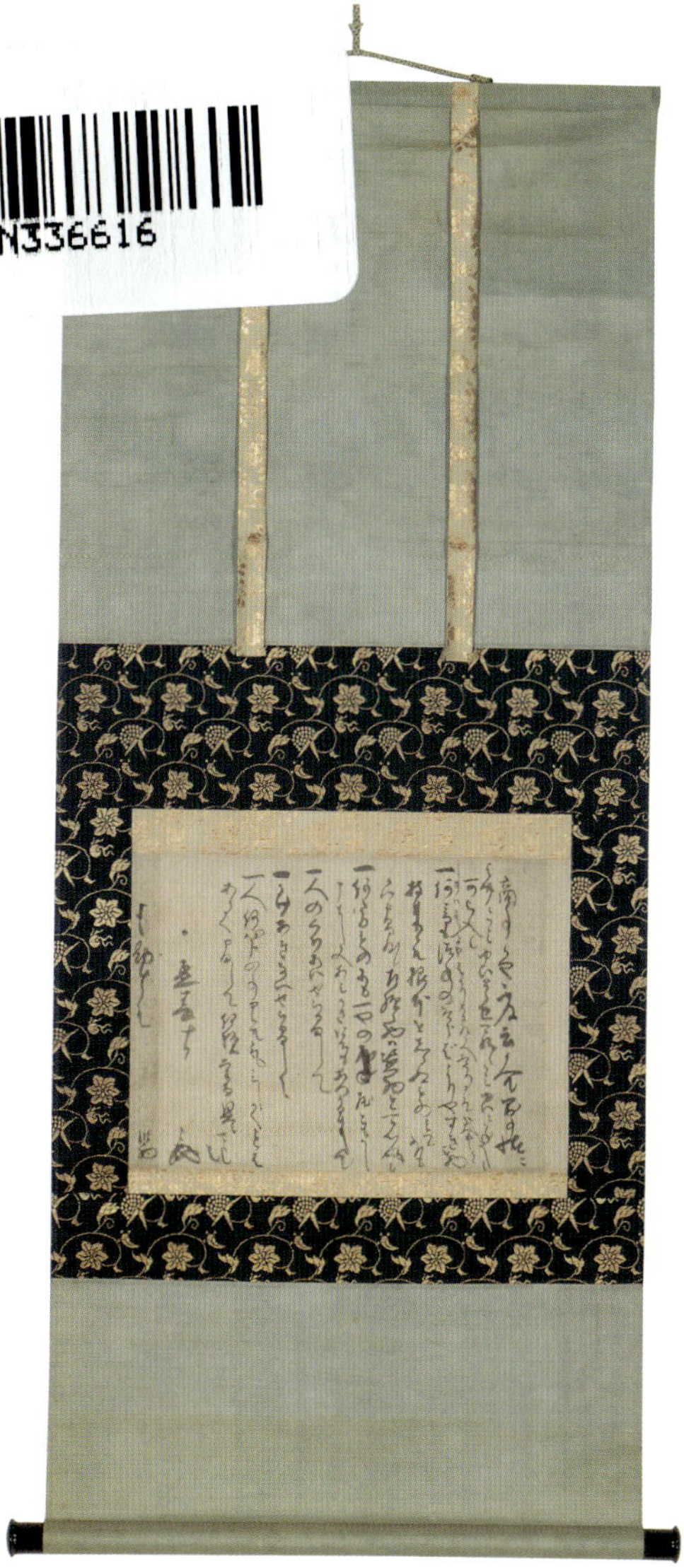

口絵１　文殊院旨意書

口絵２　別子銅山真景図(大原東野画、19世紀初め)

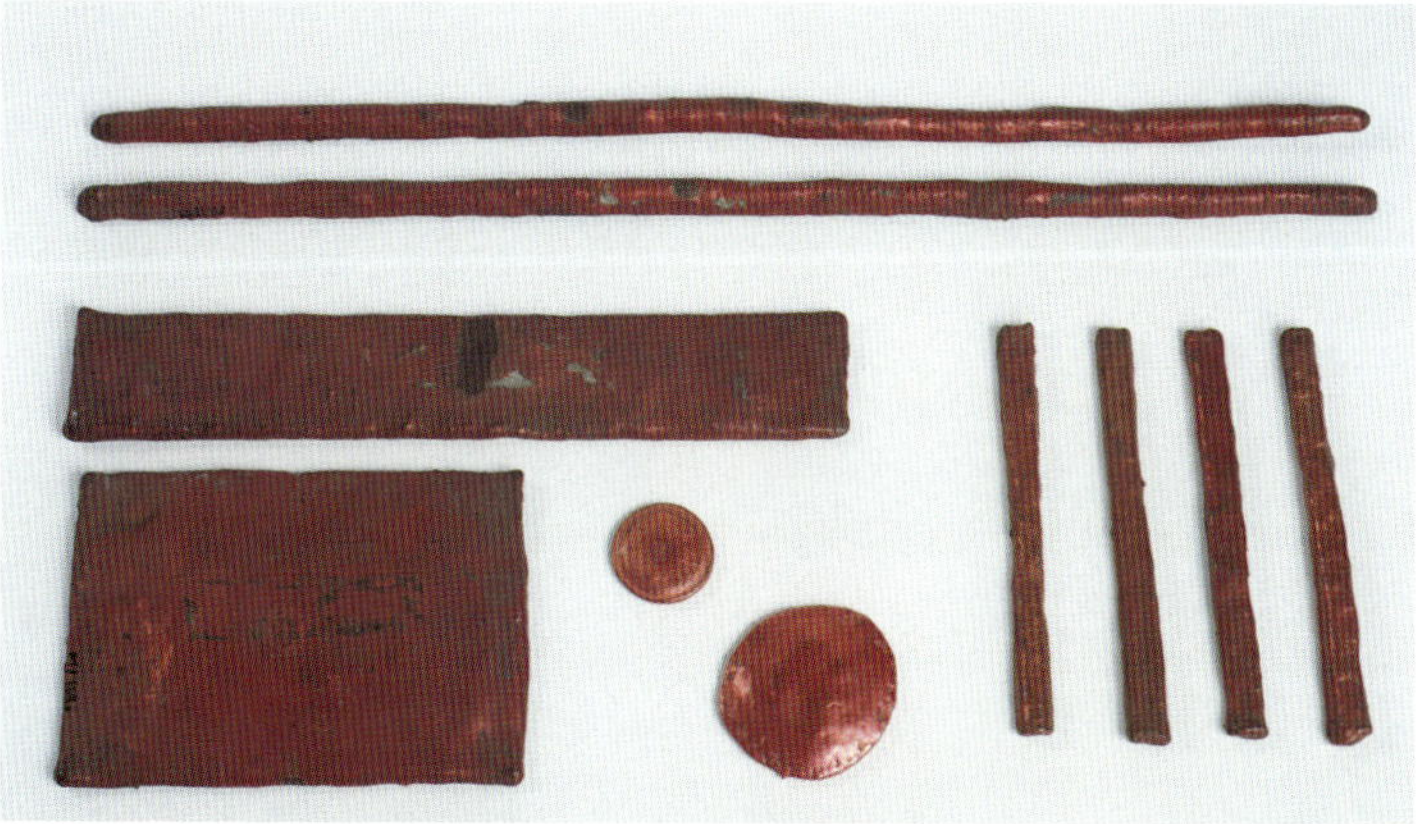

口絵３　型銅(江戸時代の製品)

上：長棹銅(針金用、約 73㎝、約 1.2kg)
左中：樋丁銅(樋用、約 3.75kg)
左下：丁銅(船飾・瓦用、約 21㎝×約 15㎝、約 3kg)
中央下：丸銅(薬罐・鍋用、約 375 ～ 860g)
右下：棹銅(輸出用地金、約 23㎝、約 263 ～ 300g)

口絵４　清水家門札の井桁《いげた》

御三卿清水家に出入りした住友が用いた通行証。住友の商標である「菱井桁」は、屋号「泉屋」に由来する。泉という字は、清冽(せいれつ)な水が湧き出て尽きない意味があり、また銭を指す言葉でもあったので、「井桁」は商人にとって縁起の良いしるしとして用いられた。明治になると、商標は権利として法律(商標条例 1884 年)で保護されるようになり、住友も商標を登録して、1923 年に現行の寸法割合を定めた。住友の商標には、400 年間先人たちが営々と築き上げてきた「信用」の精神が息づいている。

はじめに

住友は、鉱山業とその関連産業を家業の中軸として成立・展開してきた日本を代表する企業集団である。成立の時期については明らかでないが、四〇〇年以上の歴史をもっている。住友が生産した銅の優れた品質や、それをもたらした技術については、近代以前から広く海外にまで知れ渡っていた。紅色の棹銅《さおどう》や南蛮吹《なんばんぶき》と呼ばれた精錬技術を家業の誇りとしてきた。また事業に高い精神性を求め、住友家初代の政友《まさとも》が説いた人の道について、彼が著した古文書などを大切に保存し、その教えや人格を敬ってきた歴史がある。

だが住友は、その古さだけを強調してきたわけではない。明治になってみずからの歴史編纂をおこなう機関を設け、その資料とするために各部局に定期的な事業報告を求めた。そこには、歴史は日々の営みから生まれるとの確固とした認識があった。

そもそも歴史は主体的な行動と密接につながっており、主体が時間軸を基準に、現在に先立つ時空間に働きかけることによって歴史は生まれる。史料を保存し、教えを糧《かて》とし、由緒を語り継いできた背景にも、主体の存在と思いが感じとられる。本書では、このような立場を尊重し、現代的な広い視野にたって、主体的な住友の歴史の叙述をめざしたい。

住友が事業を始めたのは、日本の戦国時代、西洋では「大航海時代」と呼ばれる変動の時期にあたっている。

「大航海時代」とは、一四〇〇年前後から一六五〇年ごろまで、西ヨーロッパのポルトガル・スペイン・オランダ・イギリスなどの諸国が互いに対立し、覇権を奪い合いながら、未知の海洋をめざして、つぎつぎに探検チームを派遣した、その二五〇年の歴史である。わが国でいえば、応仁・文明の乱から、戦国時代をへて徳川将軍家による将軍・諸大名を統合した権力が成立するころまでの時期にあたる。西ヨーロッパの人たちが、自分たちの歴史をふり返るなかで編み出した語であるが、この「大航海時代」という概念を世界史の視点から少し広げてみたい。

ポルトガルのホアン（ジョアン）一世の王子エンリケが北アフリカの都市セウタを攻略したのを皮切りに、主として西アフリカ海岸を南下しつつ、この地域を制圧した。これと対抗するかのように、スペインのイザベラ女王がコロンブスを西インド（アメリカ）に派遣して、アメリカ大陸の「発見」にいたった。ポルトガルはこれに対し、東アフリカに拠点を置いて、その勢力を拡大した。

この種の遠征はヨーロッパ人に限られたものではなかった。中国明代初めの皇帝永楽帝は、鄭和《ていわ》を派遣してアフリカにまで遠征した。自国にない珍奇な文物をもたらすとともに、新しい交易品が世界をかけめぐることにつながった。

エンリケもイザベラも鄭和も、すべてこの時期の王権の分担者であった。このことは、この時代の通交貿易の主体（おもな担い手）が各地域における王権の手にあったことを示している。わが国においても、対中国の勘合貿易の主体は室町幕府から大内氏など西日本の大名に移ったが、いずれも王権のもとで通交貿易がおこなわれたことにかわりはなかった。

この構造が変化したのは一六〇〇年ごろ、すなわち交易の組織として東インド会社の設立を期としている。イギリス・オランダ以下の国の会社が相次いで設立された。これは従来の王権を基礎とする（王族の一部が「探検」に出かける）のとは異なるのではないか。

王権を背景に、宣教師の布教活動と深く結びついたポルトガル・スペインによる貿易と、商人を主体として資本の集中と利益追求をはかる会社のやり方には違いがある。この性格の違いは旧教と新教の差であろうか。

おなじころわが国においては、徳川政権の確立期にあって、海外渡航する船に朱印状を発給し、交易と安全を保障する朱印船貿易を始め、ポルトガルなど来航船に対しては輸入する生糸の一括買付（糸割符《いとわっぷ》制度）をおこなうことによって政権は交易を有利に進めた。政権の保護と統制下において、商人たちは商業活動を保障され交易の利益を享受できるようになった。

やがて「鎖国」といわれるキリスト教禁止と貿易統制の政策が国策として定められると、長崎貿易はオランダ・中国系の来航船とのあいだに限られるようになったが、商人たちは競争を繰り返しながら、生き残り発展していく道をさぐることになる。有力な交易品であった銅を扱う商人のひとり住友も例外ではなかった。

交易品である銅の位置づけについては、前史を含め少し説明が必要だろう。

一六世紀末には日本の主要な輸出品は銀であった。当時日本の産銀は世界の生産量の三分の一を占め、その豊富な銀を求めて大規模に生糸との交易に参入したのがポルトガルの仲介貿易であった。

いっぽう、一七世紀の朱印船貿易の交易品には、わが国の工芸品・雑貨生産との間に多くの関連性がみられた。国内の生産発展が東南アジア海外市場との地域的分業を組み込んで成立していた。

東シナ海をまたぐ遠隔地取引の祖型は前代の対中国・朝鮮交易においても見られたのであるが、そこに生糸と銀の交易が圧倒的な量ではじまり、その利益をめぐって各国の抗争があらわになった。

竜骨《りゅうこつ》をそなえた大型の西洋帆船や中国系のジャンクが活躍するいっぽう、地域ごとに発達したさまざまな船が地域市場を支え、ネットワークを形成する萌《きざ》しもみられた。日本の船も、小型化やその他性能の向上によって、国内市場の形成に寄与することになる。

銀産出量のピークは徳川家康の時代に終わり、かわって銅が輸出品の重要な地位を占めるようになった。日本銅を満載した諸国の帆船が東アジアの海を快走した。帆船の最盛期とされるこの時代、技術革新はここにもみられ、帆走性能の向上により、原産地と本国とのあいだの時間は一様に短縮された。朱印船時代のように薬罐《やかん》や風炉《ふろ》などの器物のみならず、地金《じがね》の輸出が伸びたが、銅は銭の鋳造や大砲のような軍事的用途もあって、しだいに幕府の統制下に置かれるようになった。

一七世紀後半に始まる銅貿易の政策変化や、銅の精錬や流通をめぐる競争のなかで、住友は苦闘しながらも確固たる地位を築いていく。銅屋・銅吹屋仲間の結束、鉱山業への進出、幕府御用の請負などによって、実績を積み名声を得て、御用商人に成長していった。

明治維新を迎え、住友は事業の再構築を迫られることになった。政治・経済・文化の変動のなかで、江戸幕府の統制と保護の下における地位は過去のものとなった。対処すべき課題は多く、西欧の技術を導入した鉱業の革新、新たな事業分野の開拓、家法《かほう》の制定に見られるような事業の統轄と組織の整備など、いずれも実現にはかなりの時間を要した。

それでも蓄積された知識やモノの活用を巧みにはかりながら、鉱山からは林業・建設・機械・化学・石炭・電力事業を生み出し、銅加工のため伸銅《しんどう》に進出し、その技術を製鉄にまで広げ、物流と金融に関わって銀行・保険・倉庫・商事・不動産などの部門の創設に結びついた。世界的な技術革新の波に乗って電線・通信・硝子事業などにも取り組んだ。競争はおのずと世界を巻き込んだものになっていた。

本書は平板な事業の歴史を語ったものではない。与えられた歴史的条件のなかで、住友はいかに苦闘しながら競争を勝ち抜き、今日の地位を築いてきたか、具体的な史料をもとに描いたものである。叙述のなかにこうした意図を感じとっていただければ幸いである。

住友の歴史　上巻◆目次

下巻◆目次

住友の歴史　上巻

第1章　創業者の肖像

事業精神の源流

住友家の初代は住友小次郎政友《すみともこじろうまさとも》である。この人が住友家の創始者であったことは、住友家とそこから成長・発展した住友グループ各社の事業に対する姿勢、心構えが伝統として形成されるうえで重要な意味を持っていた。

かれは宗教者であった。文殊院嘉休《もんじゅいんかきゅう》の法号をもち、独自の仏教思想にもとづき、仏教に対する深い信仰に生きた人であった。政友が仕事に取り組む心得として示した内容は、「文殊院旨意書《しいがき》」（口絵1）とよばれ、住友の事業精神の源流をなすものとされている。それは永くグループ・メンバーの行動の指針となり、現実の活動に影響をおよぼしてきた。

「文殊院旨意書」は、政友の身近にいた勘十郎《かんじゅうろう》という人物が商売の道に入るにあたって、それを激励し、心がけを説いたものである。「商事《あきないごと》はいうに及ばず候えども、万事情《せい》に入らるべく候」。商売はいうまでもないが、どんなことがらについても、相手の身を思いやり、心をこめておこなうことだ、と述べる。端的でわかりやすい、そして時代を超え、すべての人にとって、日常の人と人との関係において、とるべき基本となる教訓である。

写真 1-1　住友政友像

ほかに、盗物《とうもつ》の売買に関わらぬよう気をつけよ、他人の仲介・保証はせぬよう、だれかれとなしに泊めてはならぬ、掛商《かけあきな》いはするななど、一七世紀の時代状況を反映した商売に関する具体的な心得が記されている。が、最後に、「他人がどんなひどいことを云っても、短気を起こし声高に争うようなことはせず、くり返し、ていねいに説明することだ」と、もう一度どの時代、どの状況にも通用する心がけ（こんにちの説明責任）をもって締めくくっている。

ここからうかがえるのは、政友が商売の心得や、商人としてのあり方を問う前に、まずひとりの人間として、社会に通用する誠実な、すぐれた人格を求めた点である。これは住友家に独特な伝統をかたちづくる起点となった。

政友の祖父は柴田勝家につかえ越前丸岡城主を勤めたとの伝承がある。勝家は羽柴秀吉に敗れ、没落した。その後、徳川氏のもとで越前を支配した結城秀康《ゆうきひでやす》の家臣となったが、主家がつぶれたため浪人となり、家族わかれわかれに京都に来たといわれる。政友はここで新興の涅槃宗《ねはんしゅう》の開祖空源と出会う。ときあたかも百年続いた戦乱の世が治まり、武士も町人・百姓も中国古代の理想的な社会を意味する「堯《ぎょう》・舜《しゅん》の世の到来」とばかりに平和を謳歌し、とりわけ万物の中に仏性《ぶっしょう》を見る仏教の平和主義に対する関心が高まった。雨後の竹の子のごとく登場した新興の仏教諸派は、みずからの主張の正当性を訴えるあまり、他宗・他派を批判・攻撃する者が多かった。政友は空源の教えに従い、いたずらに他派を誹謗することなく、むしろおなじ釈迦如来の教えを信仰する者として、ともに手を携える態度を示した。

こうした広い心と器の大きな人柄に持ち前の才能が加わって、たちまち派内で頭角をあらわし、幹部となり、空源の右腕として、また門下筆頭のリーダーとして活躍した。

住友の創業者のひとりが宗教者であったことは、住友とその後身である住友グループ各社の事業活動を考える場合に、無視できない特徴といってよいのではなかろうか。

生誕奇瑞《きずい》伝説

政友の生誕については奇瑞伝説がある。母小仙《こせん》が語るには、釈迦降誕の夜不思議な夢を見たと。「天竺《てんじく》祇園《ぎおん》精舎《しょうじゃ》ノ古跡鐘ヲ明ラカニ見、其ヨリ王舎城《おうしゃじょう》如来ノ座禅石ヲ伏拝マバ、霊《りょう》鷲山《じゅせん》ノ方ヨリ光明来リテ我頂ヲ照ラスト見エテ、夢覚メヌ。其ヨリ懐妊ト成ル。此子只者ニハ有マジ」と。

釈迦の母国天竺（インド）にある祇園精舎の鐘を見て、王舎城の座禅石を伏し拝んでいると、霊鷲山の方から光明が差してきて私の頭を照らした。この時懐妊した。夫婦は政友を将来出家させることにしたのである。祇園精舎は釈迦とその弟子たちのために建てられた僧坊、王舎城・霊鷲山はインドにあったマガダ国の城と山でいずれも釈迦が説法をしたと伝える仏教の聖地である。この生誕伝説が事実かどうかはともかく、少年が聴いていたとすれば、かれの心に与えた影響は大きかったと思われ、その生涯を規定することとなったであろう。

子供のころ、政友は下京の高辻通新町西入ルに、母と弟とともに住んでいた。ある日、上《かみ》京《ぎょう》の晴明町に法話があると聞き、出かけた。法話がすむと、説法の僧は高座から母子に目をとめ、「その二人の子供は過去世より師弟の契約があるから、此方へもらい受けたい」といった。母はさっそく承諾し、政友は空禅と名付けられ血脈を伝授された。

以上は「文殊院由来書」の記述するところである。政友の生涯の初めに当たって、かれを取り巻く世間では、かれが仏教、あるいは釈迦の申し子ともいうべき立場にたち、それにふさわしい行動が期待されていたことを物語っていた。

涅槃宗の教義

涅槃宗は法華経と涅槃経を「衆生済度《しゅじょうさいど》」の最も重要な経典と考えるグループであった。「衆生済度」とは、この世にあるすべての生きとし生けるもの、人間のみに限らず、動物や植物をも含むいっさいの生物を迷いや苦しみから救いだし、悟りの境地を得させることをいう。

この時代、このことばは仏教経典のことばとしてばかりでなく、一般政治家の現世における社会変革と結びつけてしばしば用いられた。仏教思想が民間に普及するとともに、現世利益と結びつき、ことばが世俗化し、もとの意味を越えて広まったともいえる。

たとえば、豊臣秀吉は鴨川に石造の三条大橋を架け、これを「衆生済度」のためと称した。東海道の起点を整備して、往還の旅人たちの利便を図り、それを「衆生済度」の一つの現れとしたのである。

涅槃宗は我が国に古く渡来したが、空源の涅槃宗はそれと異なり、右のような時代の変化を踏まえ、末法《まっぽう》の世にふさわしく、かれが新しく解釈し直したものであった。釈迦一代の教説のうち「唯有一乗、佛寿無量」（真の教えは唯一つでそれによってすべてのものがひとしく仏になる）を説く法華経と、「悉有仏性、如来常住」（すべての生物の中に仏の心は住み着いており、如来も常住している）を説く涅槃経の二経こそ、この世＝現世での衆生済度は可能だとみている。あの世で極楽浄土に往生するより、この世において良い生活を送ることができればそのほうを選ぶ風潮が強い時代であった。現世安穏・極楽往生を説く浄土思想も一般に普及し、同様に世俗化しながら、各層に受け入れられた。

「員外沙門《いんがいしゃもん》」の誇り

空源の涅槃宗は他の宗派を誹謗排斥することなく、おなじ釈迦如来から出た教えであるとして、親しく交際の方針を採った。その点、他の宗派とは異なる風格があった。政友も師の教えを体得し、知識の活用において、他の諸派の信者からも信頼されていた。後陽成《ごようぜい》天皇と後水尾《ごみずのお》天皇二代にわたる帰依を受け、空源・空尊父子にはそれぞれ及意《ぎゅうい》・臺玉《たいぎょく》の上人号《しょうにんごう》を与えられるなど、いわば最高の栄誉に恵まれてもいた。

ところが、かねてから涅槃宗の躍進をこころよく思っていなかった既成宗派諸寺の寺僧た

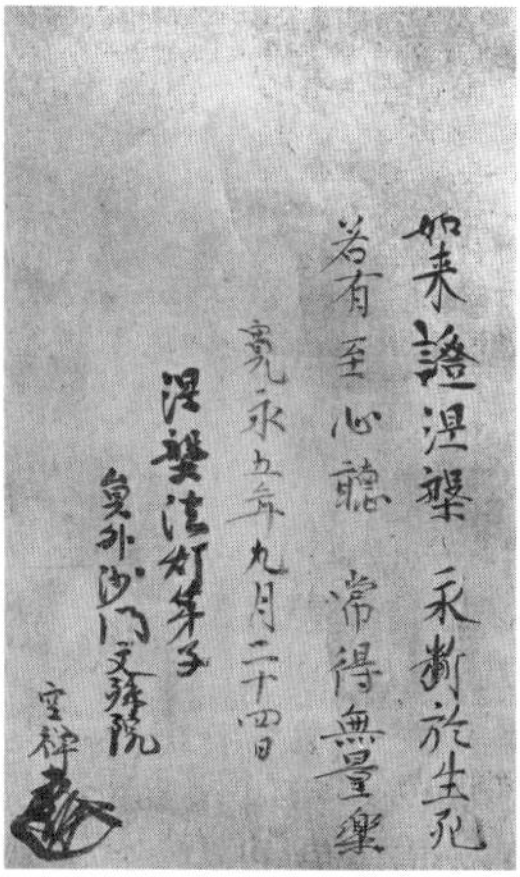

写真1-2　涅槃経偈（文殊院筆）

ちは、後陽成天皇が亡くなった機会に涅槃宗への攻撃を強め、新儀に宗派を立てるものだと訴えた。新儀は当時幕府の嫌うところ、キリシタンなど宗教統制に苦心していた幕府当局は訴えを受け入れ、涅槃宗の解散を命じ、空源以下主要な幹部を逮捕し、政友は下総佐倉に配流の身となった。

もともと政治的な処分であったせいもあり、幹部はいずれも数年のうちに釈放され、自由の身となった。しかし、涅槃宗は解体され、天台宗の一部に吸収されてしまった。帰洛した政友は、吸収された涅槃宗に所属する考えはなかった。ここにいたって、みずからを「員外沙門」と称することになる（写真1-2）。員外とは定員の外、沙門は出家＝僧侶のこと。浄土宗・法華宗等々の宗派には属さない。しかし自分は真正の仏教徒であるとの誇りを表明したものである。かれは生活は俗人でも、精神は求道の僧侶であるとの姿勢をくずさない。それは宗派にとらわれず、独立独歩の仏教徒であるとの宣言であった。

薬屋と本屋を営む

写真1-3　反魂丹看板

俗人生活にもどった政友は、薬屋と本屋を営み、屋号を富士屋と称した。薬屋と本屋（書籍出版業）の組み合わせは現代の我々から見ると不思議な点もあるが、「儒医」ということばが示すように、東アジアでは中国などにも行われていた。有名な江戸の出版業者須原屋茂兵衛《すはらやもへえ》も両業兼営であった。

住友家には、「まつら流　はんこん丹」の看板が残されている（写真1-3）。「まつら」は肥前平戸の松浦《まつら》氏であろう。反魂は死者の魂を呼び覚ますことで、反魂丹は江戸時代のベストセラーとなった薬である。この時代、あるいは肥前平戸経由の輸入薬品を用いた反魂丹があって、その京都における出店か代理店のような仕事をしていたかと思われる。ほかに、鉄を商ったという記録もある。当時、鉄の生産と流通も急増していた。新しい商品は新規の参入者にとって入りやすかったのであろう。

薬という人が作り出した物を用いて病いをなおそうとする発想は、呪術や祈禱に頼った医術とは異なり、あきらかに人間の力に信頼を置いた、その意味では近代へつながる、医学のより発達した社会における、新しい考え方であった。薬屋は当時の先端的な職業であった。

さらに、政友は本の出版にも手を付け、源信《げんしん》の『往生要集』（写真1-4）、孔子の絵伝『孔子聖蹟之図』などが嘉休の名で出版されている。これも先端を行く職業であった。

「本」はもともと「基本」を意味することばであり、物事の基礎・基幹ということである。人間が生きる上に最も大事なこと、根本と考えられる問題を示すことばである。『論語』学《がく》而《じ》篇には「君子は本を務む、本立ちて道生ず」とあり、もとの考えがしっかりしておれば、先の道はおのずから拓かれるという意味であるが、そういう内容をもったものが「本」であった（これに対し娯楽用の書物、今の週刊誌やマンガなどにあたるものは「草紙《そうし》」とよばれた）。「本」は当時できたばかりの新しい日本語であった。

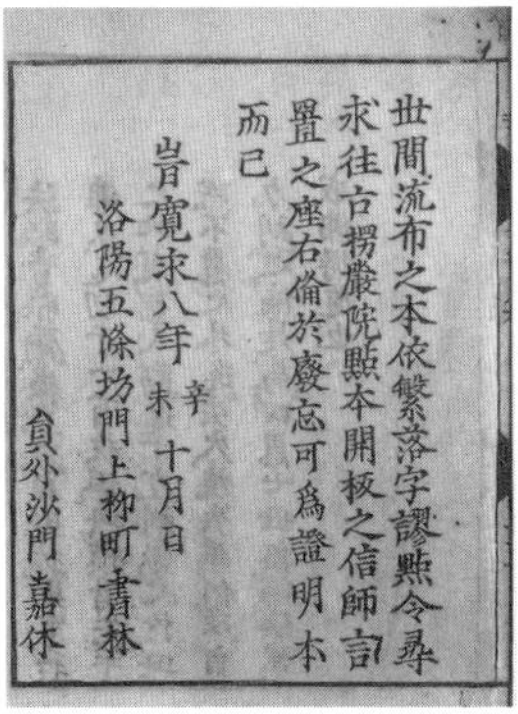
世間流布之本依繁落字謬點令尋
求往古楞嚴院點本開板之信師言
置之座右倫於慶忘可為證明本
而已
旹寛永八年辛未十月日
洛陽五條坊門上柳町書林
貞外沙門嘉休

写真1-4　『往生要集』刊記

この時代のことを記録した『当代記』には、慶長十四年（一六〇九）の項に「この五三年（三〜五年の間）摺本《すりほん》ということしでかし、何れの書物をも京都において摺る、当時これを判（版）という。末代の重宝なり」と記している（巻五）。

それまで出版は仏教の経典やその研究・解説書を主とし、読者は僧侶・公家など上流階級に限られ、一般の人々を対象とした出版は存在しなかった。この時代から出版物の世俗化、すなわち民間の出版者による医書・儒書・辞書をはじめとする仏教以外の諸分野の実用書・文芸書など、一般書の刊行が急速に進んだ。

中世から近世にかけて、寺院に属していた出版の職人集団が独立しはじめる大きな動きがあった。寺院の内部に形成されていた製版―印刷―装幀の分業が寺院の枠を脱して表に出てきた。すなわち、木活字《もっかつじ》を刻んで並べ、あるいは板に文字を彫って板（版）を作る彫師《ほりし》、これを紙に摺る摺師《すりし》、それをまとめ装幀して一冊の本に仕上げる経師屋《きょうじや》がそれぞれ専門化し、集団を形成していた。かれらが独立し、商業出版が成立したのである。

寺院本山の集中した京都はたちまち出版業のセンターとなった。仏教書・経典類一辺倒から解放され、一般書の刊行がさかんになった。書籍の出版が社会的な広がりを持ち、情報伝達の仕組みが変化し、大衆に文化的な影響を与えるようになった。これは江戸時代、つまり近世の特徴と考えてよい。

政友の本屋への転進はこうした時期に行われたもので、時代の変化に敏感に反応し、かれの進取の気性に富んだ性格をよく示している。先に述べたように、かれが員外沙門の姿勢を崩さなかったことを考えると、この職業選択には出版を通じた「衆生済度」の目的が秘められていたとみて誤りあるまい。

「文殊院旨意書」

政友の法号文殊院は、かれが信仰した釈迦如来を祀る京都嵯峨清涼寺《せいりょうじ》が、中国の五台山清涼寺の文殊菩薩の霊地を移した聖域であるという伝承に由来している。還暦を前にして、政友は同寺に庵を設け、終の棲家と定めた。号を臨西と改め、西方浄土に臨む。当時の知識人が死を迎える儀式とも云うべき態勢に入った。その後、六八歳まで生き、一六五三年八月になくなった。

政友の残した文章は子孫の手で保存され、それぞれの時代に日常生活の規範として用いられた。冒頭の教訓も江戸時代をつうじ泉屋住友家の重宝となり、近代においては、「文殊院旨意書」の名で歴代総理事の訓話にとりいれられ、商売人である前に、ひとりひとりが社会人としての人格を磨くべきとの伝統形成に貢献している。

第2章　東アジアの銅貿易と住友

一　東アジアと銅

日本の銅生産の始まり

和銅という日本年号（七〇八〜七一五）をご存じだろう。武蔵国（埼玉県・東京都・神奈川県）から銅を献上したのを記念して、慶雲の年号（七〇四〜七〇八）を改め和銅とした。武蔵以外でも各地で銅が採れた。日本は産銅国として古くから知られ、東アジアにおける国際的な通交や民間の通商においても、貢納品や贈与物・献上物として広く用いられていたことが、中国の正史などに記録されている。

この時代における盛大な銅生産を象徴するものとして、奈良東大寺の大仏という巨大なモニュメントと、富本銭や和同開珎という銅銭の国家による鋳造がよく知られている。

銅生産と銅貿易の拡大

次いで鉱業発展の第二波は、一六世紀中ごろに金銀山の開発から始まり、一七世紀初めには銅山の開発が進んだ。日本の銅生産・銅貿易は一六世紀までと一七世紀では格段に差がある。一七世紀初頭に足尾銅（栃木県）が登場して、まとまった使用と連年の輸出が可能になった。足尾以外にも、常陸（茨城県）・長門（山口県）・周防（同）・豊前（福岡県・大分県）などで産出があり、輸出や鋳銭が行われた。

当時は山元《やまもと》（鉱山の現場）で銅鉱石から精銅まで製錬して出荷した。銅の形状は、矩形《くけい》で板状の丁銅《ちょうどう》やごき銅（円盤状か）などさまざまであった。その銅を、朱印船・ポルトガル船・唐船が輸出したが、積極的なのはオランダ東インド会社であった。

オランダは日本銅の輸出を開始して間もなく、ヨーロッパの本国に送ったり、海外で日本銅を購入したり転売したりした。主として銅の大きな消費地インドへ送ったが、日本が銅の輸出を禁止した数年間は、本国からスウェーデン銅をインドへ取り寄せた。ここへ送った日本銅をイギリス・フランス船に販売し、その代金でその地の産物を仕入れて日本その他へ送ったこともある。日本から直接輸出するほかに東南アジアで唐船《とうせん》から買うこともあった。

アムステルダムの市場でスウェーデン国王が自国銅の相場に基づき強気に資金調達を計ろ

うとしたさい、その思惑に対抗して、日本銅をヨーロッパに送り、銅相場を下げさせたエピソードが知られている。オランダは日本銅を機敏に回転させて大きな利益をあげた。やがてオランダは棒状の棹銅《さおどう》を好むようになった。形状と品質が安定している棹銅が扱うのに好適ということになったのであろう。

銅銭も一七世紀に目立つ輸出品であった。朱印船もオランダ船も盛んに輸出した。ベトナムは日本向け生糸の主要産地で、そこでは自国銭や中国銭やその模鋳銭、さらには日本の寛永通宝まで通用した。当時のベトナムは現地の銭不足を補うため盛んに輸入し、質の劣るものは鋳つぶし、良いものは通用させた。日本では銭輸出を禁止した後に、特例として宋銭を模倣した「長崎貿易銭」を鋳造し輸出したこともある。

中国人はアジア海域の交易で最も優越した地位にあったが、明末清初の当時、反清を旗印に台湾を拠点として海上交易活動を展開した鄭氏勢力が壊滅するまで、中国本土から日本に直航することは禁止された。

鄭氏勢力が壊滅し清政府が渡航を解禁すると、中国本土の唐船の長崎来航が急増した。一六世紀以来主要輸出品であった銀はすでに枯渇し輸出が禁止され、銅が主要輸出品であった。幕府は一六八五年に長崎貿易において定高仕法《じょうだかしほう》を制定し、貿易限度額を設定した。

定高仕法では主要輸出品となった銅の輸出能力に合わせて年間貿易額を定めた。銀高で表示されたその総額は、銀九〇〇〇貫目《かんめ》（一貫目＝三・七五キログラム）で、内訳は唐船六〇〇〇貫目、オランダ船三〇〇〇貫目であった。それゆえ当時世界一であったといわれる最盛期の日本産銅の大半は中国が輸入した。最大で年間七〇〇万斤（四二〇〇トン）に及んだことになる。銅貿易の先駆者オランダは貿易額を抑制され、いっぽう唐船も規定以上多数来航しても貨物の積み戻しを命じられるようになった。

これ以後唐船の主要任務は、清政府が銭を鋳造するための日本銅を調達することになった。一八世紀中期以降、中国の雲南地方の産銅が増大して日本の最盛期のそれを上回るようになったが、日本銅に対する需要は継続した。日本銅は中国にとって、銅生産の大きな峰である宋代（一〇～一三世紀）と清代乾隆期（一八世紀）の谷間を埋める役割を果たした。

銅を輸出して日本が輸入したものは、依然として生糸・絹織物が主で、次いで薬種や砂糖などであった。銀が枯渇し輸出できなくなったにもかかわらず大きな変化なく輸入を続けられたところに銅の意義があった。もっと長期的にみると、海産物など新しい輸出品も登場し、輸入品の生糸・砂糖・一部の薬種はやがて国産できるようになった。そこで銅生産が減少すると、経済全体が貿易への依存度を低下させたが、それは日本の産業の自立的な発展でもあった。

二　住友の銅貿易と銅鉱業の始まり

住友と銅

住友は銅を扱ってほぼ四〇〇年生きてきた企業である。とくに江戸時代の創業期から明治時代にかけては銅が本業であった。江戸時代には銅商人として日本最大で主導的な地位にあり、かつ大坂で屈指の商人であった。銅商人としての歴史の長さは世界でも例が少ない。銅は現在もなお住友グループの事業の重要な柱のひとつである。

南蛮吹《なんばんぶき》の開発者蘇我理右衛門《そがりえもん》

住友の歴史のうえで、蘇我理右衛門（一五七二～一六三六）は初代政友とならぶ重要な人物である。住友の銅商売、泉屋《いずみや》という屋号、井桁の商標は理右衛門に由来する。家系のうえでは、政友の姉の夫で二代友以《とももち》の実父である。政友にとって義兄であり、政友が信仰した涅槃宗の熱心な門弟であった。理右衛門は河内五条《かわちごじょう》（大阪府東大阪市）の生まれで、堺で銅精錬について修業し、京都へ出て寺町通り松原下る西側で開業した。理右衛門が京都で開

写真2-1　南蛮吹（『鼓銅図録』）

業した一五九〇年を、住友では事業の始まりと位置づけている。ちょうどこのころ、豊臣秀吉による京都の都市改造が本格的に始まり、銅の需要も増大しようとしていた。

　蘇我理右衛門は、慶長年間（一五九六〜一六一五）に南蛮吹の技術を開発したと伝えられる。「吹く」とは、鉱石から金属を取り出すため、鞴《ふいご》で強い風を送り、火力を上げ、鉱石を溶かすこと、金属を精錬することである。なかでも南蛮吹は、銀を含む銅から銀を分離する高度な技術であった。それは三つの工程からなり、①銀が鉛に吸収されやすい性質を利用して、銀を含んだ銅と鉛を溶かして合銅《あわせどう》という合金を作る、②この合金を加熱し、銅と鉛の融点の差を利用して、精銅と含銀鉛とに分離する、③含銀鉛は灰吹炉《はいふきろ》という特殊な炉で溶かし、鉛を灰に吸収させて分離し、銀を回収した。

　南蛮吹はその名称が示すように外国に起源をもつらしいが、技術の直輸入ではなく、合銅を「しぼる」ところに特徴があり、そのためのさまざまな工夫があった。一般に「鉸《しぼ》る」の字を用いたが、住友では長く南蛮吹のことを「鋑《しぼり》吹」とも言い、南蛮吹でできた銅を「鋑銅」と呼んでいた。こうした技術や実績をもとに理右衛門は、京都方広寺の金銅大仏と梵鐘用の銅を供給する有力な銅吹屋と呼ばれる銅精錬業者となった。財力もあったようで立派な墓が今も残っている。

泉屋住友家の創業と南蛮吹技術の公開

蘇我理右衛門の長男である友以（一六〇七〜六二）は、政友の婿養子となって泉屋住友家という銅商売の家を新しく興した。泉屋理兵衛《りへえ》の名前で一六二三年大坂内淡路町《うちあわじまち》に精錬所を設けたのは彼が一七歳の時であったから、元服後に新天地大坂に進出し事業を始めたのであろう。

写真 2-2　住友友以像

豊臣氏滅亡後の大坂は再建途上にあり、新しい都市として再生しようとしていた。大坂城再建には銅瓦などの需要があり、友以はここに参画したのかも知れない。実父理右衛門が大仏建立に参画して台頭したように、国家的事業に参画して地歩を築こうとしたのであれば、その心意気は住友の泉屋に脈々と伝わったといえる。翌二四年淡路町に店舗を設け、三〇年淡路町を本店とした。一六三六年に長堀にさらに大きな吹所《ふきしょ》を設置したのは、ちょうどこの年から始まった寛永通宝の鋳造に関与したからと推測される。

一六三七年に銅輸出が禁止されると、早くから銅を輸出していた友以は弟二人、伯父、伯母婿、大坂の太刀屋・銭屋という同族・同業の人々と協力して江戸へ出向き、解禁運動に奔走した。友以は奔走する間にオランダ人と懇意になったようで、解禁後オランダ商館に銅を売る商人となり、そのなかで有力な地位を占めた。こうした銅輸出商人を銅屋《どうや》と称したが、このころには住友のように銅吹屋を兼ねる銅屋が何人かあり、大坂が輸出用の棹銅製造地として台頭しつつあった。

蘇我理右衛門が開発した南蛮吹の技術を住友は公開した。友以が大坂で銅吹屋になるにあたり、南蛮吹を同業者に伝授したという言い伝えがある。伝授は大坂ですでに開業していた銅吹屋への手土産として、友以の活動をやりやすくし、オランダが棹銅を輸出銅の標準にしたことと相俟って、大坂が銅の中心市場となる上で大きな意義があった。

南蛮吹を住友は「当家根本」すなわち家業の根幹となる技術と自覚してきた。仲間より下手では当家の恥辱であるから鍛錬に励むようにと、吹所の規則に規定がある。毎年正月の吹初めの日には、主人が吹所に来て南蛮吹の道具をちょっと持つ動作をすると、各吹床《ふきどこ》で作業が一斉に始まり、ひととおり済むと製品を座敷に飾って祝宴を催すことになっていた。

祝宴の座敷には、南蛮吹を題材にした住友家三代友信作の狂歌に、四代友芳《ともよし》（友栄《ともよし》）が別子《べっし》銅山（愛媛県新居浜市）の恩恵に感謝する自作を添えた掛物が掛けられた（写真2-3）。

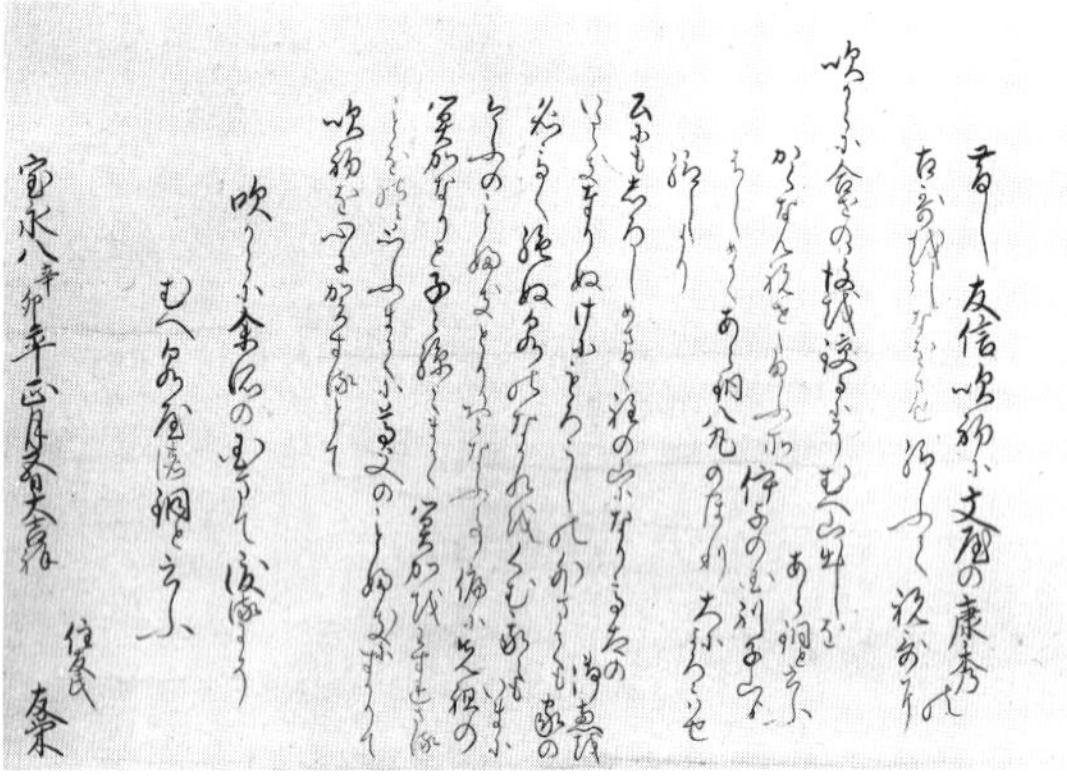

写真2-3　吹初の歌

友信　吹くからに　合せののちを　しぼるにぞ
むべ山出しを　あら銅といふ

友芳　吹くからに　余所の国まで　渡るにぞ
むべ泉屋の　銅《あかがね》といふ

この本歌は、百人一首にある文屋康秀《ぶんやのやすひで》の「吹くからに　秋の草木の　しをるれば　むべ山風を　嵐といふらむ」である。歌仙康秀の秀歌をもじった狂歌からは、外国にまで輸出される「泉屋」ブランドを誇り、家業を支える技術の継承を新年にあたり改めて誓う姿勢があらわれている。

三　江戸時代の銅山と産銅高の推移

一七世紀から一八世紀初めの銅山

鉱山の歴史を顧みれば、一六世紀に石見銀山（島根県）で銀生産の著増があり、甲斐（山梨県）・駿河（静岡県）・伊豆（同）の金銀山、一七世紀初期には佐渡（新潟県）、ついで東北地方の金銀山が開発され繁栄した。いっぽう銅は、やや遅れて一六〇〇年ころの足尾銅山（栃木県）の操業開始によって一六世紀とは段階を画すことになった。やがて金銀山が衰退したのち銅山として再開発される例が出てくる。東北地方の大銅山の阿仁《あに》・白根《しらね》など、近畿地方の多田《ただ》や生野《いくの》などが有名である。新たに銅山が発見されることも多く、伊予（愛媛県）の別子を代表として、紀伊（和歌山県・三重県）の熊野をはじめ各地にみられた。

日本の主要銅山は江戸時代に操業を開始しあるいは再開発された。足尾が江戸時代では早く繁栄し、足尾が衰退したのちは阿仁・別子・尾去沢《おさりざわ》が代表的な銅山として知られ、永松（山形県）・吉岡（岡山県）・多田（大阪府・兵庫県）がそれに次いだ。

一六六〇年代に銅の大増産が始まり、恐らく三〇〇万斤（一八〇〇トン）台から四〇〇万斤台へ急上昇したと考えられる。一六八〇年代には六〇〇〇万斤台に達したであろう。一七世紀末〜一八世紀初頭八〇〇万斤程度、一時的には一〇〇〇万斤に達した。

こうしたなか別子銅山は一六九一年の開坑後、数年内に二五〇万斤に達し、当時最大の阿仁銅山に次いだ。したがって最盛期の日本の産銅高の四分の一は別子の寄与であった。一七〇三年、銅生産の最盛期の諸国銅山出銅高の覚によると、主要銅山の産銅高は表2-1に示したとおりで、他に小銅山の分が計一〇〇〜一五〇万斤ほどあったと考えられる。東北地方の陸奥・出羽、四国地方の伊予に大きな銅山が集中していた。

表2-1　主要銅山の年間産銅高（1703年）

国名	銅山名	産銅高（万斤）
陸奥	（南部）尾去沢	30
	（〃）白根	6〜7
	（〃）水沢	20
	（〃）当楽	6〜7
	（仙台）尿前	10
	（〃）熊沢	15〜16
	（会津）蒲生	（普請山、出銅なし）
出羽	秋田	150〜160
	（新庄）永松	80〜100
下野	足尾	20〜30
紀伊	熊野	16〜17
備中	吹屋村（吉岡）	16〜17
伊予	別子	240〜270
	立川	16〜17

計　625〜701

一七一六年、幕府は「御割合御用銅」といって全国の主要銅山に輸出に必要な銅五〇〇〇万斤の買上を割り付けたが、そこには産銅一〇〇〇斤程度以上の銅山が網羅されている（表2-2）。

このころから後、一七一六〜三六年ころの年間産銅高は大小合わせて六〇〇万斤ほどと推定される。

表2-2　輸出銅を割り付けられた銅山（1716年）

国名	銅山名	割付高（万斤）
陸奥	白根・立石・尾去沢	65.0
	仙台熊沢	3.0
	会津	1.0
出羽	秋田	170.0
	永松	28.0
越前	大野	7.0
飛驒	和佐保	0.1
美濃	郡上	0.1
紀伊	熊野	4.0
摂津	多田	5.0
但馬	生野	40.0
	明延	0.2
播磨	播磨	3.0
備中	吉岡	0.3
阿波	阿波	0.2
伊予	別子	100.0
	立川	70.0
	大野	0.1
	出海	1.0
日向	延岡	2.0
	計	500.0

一八世紀中期以降の銅山

一八世紀中期以降の銅山は、三つの大銅山と多数の小銅山に分化した。三つの大銅山とは、秋田、南部と別子立川《たつかわ》である。表2-3に示した一覧は一七四八年、一七六六〜七四年、一八一〇〜二九年の大坂に廻着した銅の銘柄である。銘柄はおおむね産地名で、国や銅山など比較的広い地域名の場合と間歩《まぶ》（坑道）名などごく小さい地名の場合が混じっている。こ

表2-3　大坂に廻着した銅の銘柄(産地)

国名	1748年	1766～74年	1810～29年
松前			松前
陸奥	尾太・尾去沢・白根・熊沢	尾太・南部・熊沢	尾太・南部・熊沢・会津・叶津
出羽	秋田・永松	秋田・槇沢・永松・杉沢	秋田・永松・大切沢・長盛
越後	鹿瀬	滑滝・谷沢	鹿瀬・鉢前・二口・深沢・仙見谷
佐渡		佐州銀鉸	佐州
越前	大野・角野	大野	大野・荷暮
若狭		三幸	
上野		赤沢	
下野		足尾	
甲斐		常葉	
飛騨		山野口	和佐保
伊勢	治田	治田	治田
紀伊	常谷・永野・尻見・平野北山・平野元山	永野・尻見・平野元山	楊枝・貝岐・片木
近江	甲津畑		
摂津	卯野戸・滝間歩・多田鋑・黒川・谷寺	大重・多田・谷寺	大重・金谷・長谷・多田
丹波	細谷	細谷	
但馬	生野・明延・中金木谷・平野	生野・明延・田淵・瀬谷	生野・明延
因幡		因州	
石見	笹ケ谷	石州銀鉸・道川・笹谷	石州銀鋑・大上・笹谷
播磨	立岩・金堀・小家谷・寺谷・相山・鋳物師・大天・椛坂・八重谷・相之尾・小炭釜・栢野木	勝浦・寺谷・苔縄・椛坂・小畑・栢木	富土野・久留巣
美作		土生	横野・珎盛
備中	吉岡・牛落・千荷・山形上印・小泉	吉岡・北方	山上・吉岡・北方・愛宕・小泉

安芸		岩淵	
長門		長登・蔵目喜	
阿波	東山・神領		
伊予	別子・立川・寒南・平沢・大洲・出海	別子立川	別子立川
土佐			着之谷・麻谷・安居・田之口
筑後			成松・栗林
豊前			香春
豊後		河内・佐伯	河内・佐伯
肥後			芦北
日向	猿渡	日平・土々呂・椎葉	槇峰・日ケ暮・古田・雁野戸
薩摩			綛田
対馬			久須保

注１：南部・秋田・別子立川の各銅は一貫して御用銅
　２：永松・足尾・多田・生野・笹谷・栢木・吉岡・蔵目喜・佐伯・日平の各銅は一時御用銅に指定

のように多くの銘柄があり、大銅山と並行して零細な銅山が多数、断続的に生産していたことが分かる。もっとも需要が多い輸出用の御用銅には、秋田・南部・別子立川の三大銅が継続して出荷され、それ以外に一部の銅山も生産量が多い時期に断続的に出荷した。

これだけ多数の銅山がありながら、産銅高は徐々に減少していった。一七六六年に銅の集荷専売機関として明和銅座が幕府によって設立されたが、初期の一七六六～七二年には年間四〇〇万斤（二四〇〇トン）台、銅座設置期間の一七六六～一八六八年平均で三〇〇万斤弱と推定される。一八世紀中期以後も相場上昇など経済的な刺激やきっかけがあれば、生産は一時的に拡大した。日本の銅山は坑道が水没しやすい。小規模の排水坑道と人力頼みの作業なのですぐ限界に達し、一時操業停止に追い込まれたりする。それでも生産を継続できたのは、ひとえに銅資源に恵まれていたからである。

明治維新後の近代化をうけ、一八八三年に日本の産銅は再び六〇〇〇トン（一〇〇〇万斤）を越えた。ただし当時世界の産銅はすでに二〇万トンに達し、日本銅のシェアは低下していたが、それでも第一次大戦終了まで銅輸出国であった。

四　住友の銅山経営の始まり

輸入貿易の廃止と銅山業への進出

友以は、輸出用の銅の生産や商売に携わるいっぽう、長崎で貨物の輸入にも従事した。当時最も重要な輸入貨物である生糸には、糸割符《いとわっぷ》と称して、幕府が一括輸入した生糸を特定の糸割符商人が仕入れて国内に販売し利益を得る仕法が適用されていたが、一六五五年に廃止されて自由売買になり、友以にも機会ができ、長崎で貨物の輸入をおこなった。

住友の長崎出店設置の時期や経緯は分からない。最初はどこかに寄宿したり借店したりしたのかも知れないが、大波止《おおはと》に近い浦五島町《うらごとうまち》の海に面した場所に店を構えた。幕府の足尾銅の輸出を銅屋仲間が請負い、一六七七年その代金を江戸へ送る為替方《かわせかた》を仲間の有力者である住友と大坂屋が引き受けたが、この足尾五ケ一銅為替方請負いのころには店があった。

友以の子友信の代の一六七二年には銅屋の貨物輸入が禁止され、住友も輸入貨物の仲買に転じた。だが、間もなく仲買も規制され、また仲買商売自体に旨味がなくなったので手をひき、銅山経営の道を開拓した。

住友が経営した銅山

一六六〇年代に銅の大増産が始まった時期に住友は、東北地方の銅の買付けのために江戸に出店を設置した。のちの中橋店《なかはしみせ》の原型ともいえる。間もなく幕府の方針で長崎での貨物の輸入を廃止せざるをえなくなったかわりに、銅の買付けからさらに進んで鉱山経営に参入するようになった。一六七八年、泉屋又三郎の十和田鉛山（秋田県）稼行が初見である。

住友は銅山では後発の業者で、当時増産の中心であった東北地方の藩領の大銅山への参入は困難であったので、幕領の、あるいはまた中小の銅山を請負って経験を積み機会をうかがっていたようだ。この時期に関係した銅山には、鴇《とき》銅山、立石《たていし》銅山、阿仁銅山のうち三枚山・

槇沢・板木沢・加久知・七拾枚《しちじゅうまい》の諸山（以上、秋田県）、幸生《さちゅう》銅山（山形県）、吉岡銅山（岡山県）があった。一六八四年の吉岡銅山請負願書《うけおいがんしょ》に「諸国にて山かせき能くたんれん仕り、大分仕入銀仕置き、手広くかせき仕り候」と記して、銅山経営の技術や経験、資金力に自信のあるところをのぞかせている。そしてこうした実績が認められて一六九一年に別子銅山を開発・経営することになった。

別子以前に住友が経営した主要銅山は、備中の吉岡銅山（岡山県高梁市）と出羽の幸生銅山（山形県寒河江市）である。どちらも幕領にある。

吉岡銅山は平安時代の開発とも伝わる歴史の古い銅山で、備中国川上郡吹屋村にあったので、吹屋村銅山、あるいは備中銅山とも呼ばれた。製錬所を示す「吹屋」という地名が残るように、同地は地元民が銅山の稼ぎで生計を立ててきた場所であったが、経営者は地元有力者のほか次々に代わり、繁栄と休山を繰返してきた。休山の原因はおもに排水不全による採掘場所の水没であった。住友は一六八〇〜九八年、一七〇二〜一五年の二度請け負った。経営に着手するとまず水抜《みずぬき》を掘削して採掘場を再生させ、さらに全長二〇〇間（三六〇メートル）余の大疏水坑道を完成させその後の増産を可能にした。一六九三年にはこの時期最高の産銅九一万斤を実現した。こうした実績によって別子銅山の請負認可を得たことは確かであろう。

しかし次第に坑道は深くなっていき、新たな排水路が計画されたが、資金不足から工事を断念することになり、銅山をいったん返上した。その後一七〇二年に住友は再び吉岡銅山を請け負い、幕府の援助も得て疏水坑道の掘削と銅山の再生に挑戦したが、産銅高は四万斤余を最高に減少し続け、結局経営を打ち切った。

幸生銅山は、一六八二年に幸生村の名主才二郎《なぬし》が発見し、翌年から住友が金主（出資者）となって一六九九年まで経営した。新庄藩領の永松銅山の鉱脈の延長を、隣接する幕府領の幸生村から開坑した銅山で、最上銅山とも呼ばれた。

操業中の一六九二年と翌年に雪害による犠牲者が出ると、大坂で手厚く弔った。大坂の久《く》本《ほん》寺では過去帳に記載があり、実相寺には一六九四年の別子大火災の遭難者とともに最上亡者の供養碑が建てられている。なお幸生銅山は一世紀ほど休山したあと再興され、その時は大切沢《おおきりさわ》銅の銘柄で住友の別家泉屋真兵衛《しんべえ》が問屋として出銅を扱った。

これらを含め、江戸時代に住友が経営した鉱山は図2-1に示したとおりである（試掘程度や金主だけであった例を含む）。

このうち越前面谷《おもだに》銅山（福井県）、若狭三幸《さんこう》銅山（福井県）、備中小泉銅鉛山（岡山県）は、

図2-1　江戸時代に住友が経営した鉱山

①陸奥：十和田鉛山、鴇銅山、立石銅山、濁沢銅山、西堂銅山、槇山銅山、砂金銅山、黒沢村銅山、蒲生銅山、石ヶ森金山

②出羽：**幸生銅山**、三枚・加久知・槇沢・板木沢・七拾枚銅山(阿仁銅山のうち)、大中島鉛山

③越後：鹿瀬銅山、蟬ケ平銅山

④下野：足尾栗山銅山

⑤伊豆：青野銅山

⑥美濃：畑佐銅山

⑦越前：**面谷銅山**、大雲山

⑧若狭：**三幸銅山**

⑨摂津：多田銀銅山

⑩但馬：阿瀬鉛山、明延銅山

⑪播磨：金堀銅山、樺坂銅山、小畑銅山、鉉谷銅山

⑫美作：横野銅山

⑬備前：金川佐野銅山

⑭備中：**吉岡銅山**、**小泉銅鉛山**、北方銅山、坂本銅山

⑮備後：八坂銅山

⑯石見：石見銀山

⑰周防：添谷銅山

⑱長門：長登銅山、薬王寺銅山、大平銅山

⑲伊予：**別子銅山**、**立川銅山**、大吹銅山、大久喜銅山、今出銅山

⑳土佐：中ケ市銅山、桑瀬銅山

㉑日向：日平銅山、財木銅山

注：太字は長期間経営した銅山

小銅山のなかでも比較的大きい。面谷銅山は一七世紀中ごろの開坑で、大野藩領にあったので産銅は大野銅と呼ばれた。住友が経営したのは一七九七～九九年のわずかの期間で、この間産銅高は四万斤ほどであったが、その後も住友の別家が大野銅の問屋を勤めた。

三幸銅山は小浜藩領に属し一七六〇年に開坑、三光《さんこう》銅山・野尻銅山とも称した。住友は一八四一～四八年に直接経営し、その後現地の支配人秦与兵衛《はたよへえ》が一八五九年ごろまで請け負った。この間の産銅は二二万斤余にもなった。

小泉銅鉛山は、その名の通り銅とともに鉛を産し、鉛からは銀も採れた。吉岡銅山にも近く、同じ幕領にあり、一六四三年から経営者が判明する。そのうち住友は一六九六・九七年、一八一五～二八年、一八七〇～七四年の三度経営を請け負った。第二次経営期でみると、産銅は年間一万斤に満たず、それに数倍する鉛やそこから採れる銀で経営を維持していたようだ。

これらは現地の大名や村役人などから依頼され、ある程度採算に合うから操業したのである。住友の方でも別子以外に採掘可能な銅山を探索し、他の銅山にも関心を向けていた。

銅山調査とその記録

もともと銅商人たちは銅山の動向に関心を持ち情報に通じていた。一六六八年に銅輸出が一時禁止になると解禁運動を展開し、訴願にあたり銅山二六カ所を書上げて、輸出が禁止されると採掘する者が困窮すると訴えた。その後まもなく住友が銅山を稼行するようになると、住友に情報が集まり、実地に探索して評価判定する例も増大し、その結果を記録としてまとめるようになった。本店で作成した「宝の山」と、のちに探索の中心が別子に移ってからの「諸国銅山見分《けんぶん》扣《ひかえ》」とがある。

「宝の山」の作成開始は一七〇四〜一〇年ころで、内容はそれを遡ったあたりから一七四〇年まで記事があり、さらに追記が一八三〇年ころまで多少ある。全国六七カ国三四五カ所の鉱山の記事があり、ほとんどが銅山である。うち国名だけで記事のないのが一六カ国ある。

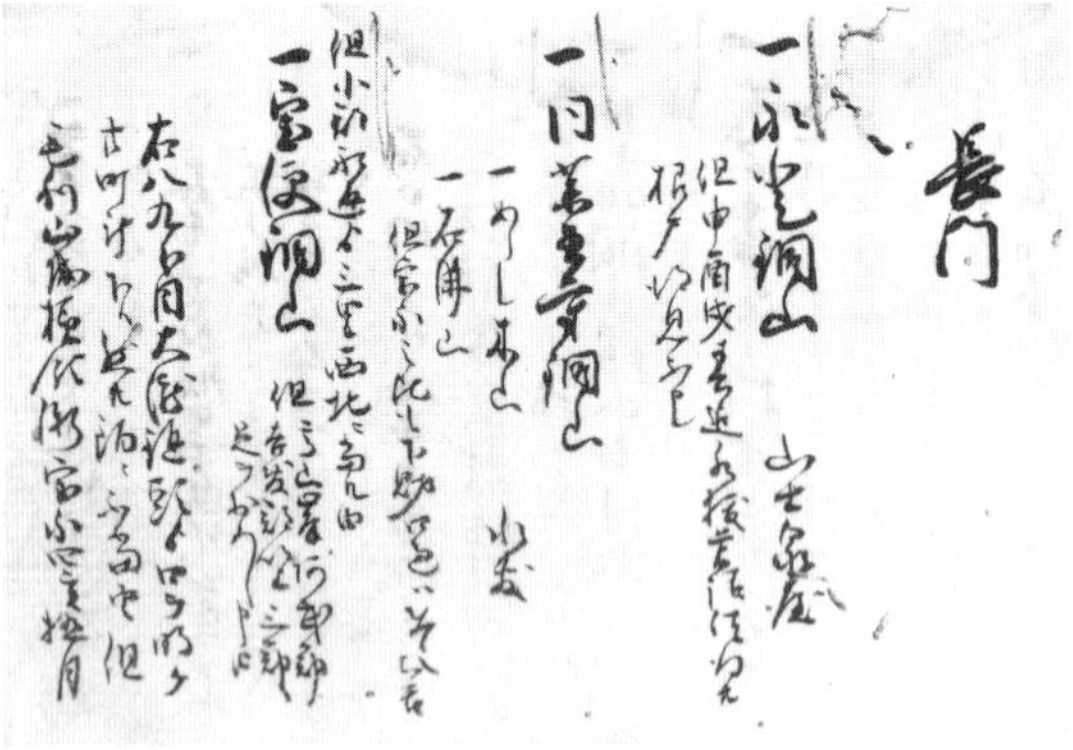

写真 2-4　「宝の山」（長門の冒頭）

「諸国銅山見分扣」は一七三九年作成開始で、内容はそれを遡ったころから一八三〇年にいたり、二五カ国二〇四カ所の記事がある。いずれも地名を細かく数えるともっと増える。所在、領主名、操業歴、製錬の規模を表す床《とこ》何枚吹という炉の概数、鉱石の歩留《ぶどま》りを示す「歩付《ぶつき》」の数値、そして調査結果として「仕当に合う」すなわち採算がとれるかどうかなどが、記されている。

近世には金銀山における「かなやましゅう」（金山衆・銀山衆）と呼ばれる専門家集団や、傑出した山師《やまし》・奉行が幅広く活躍した。農業でも地方巧者《じかたこうしゃ》と呼ばれる代官や篤農が活躍し著作も残した。諸分野において専門家と役人が未分化なまま活躍し、近代国家のような官僚的管理の未発達を補った。

住友に限らず銅吹屋は銅山に絶えず関心をもっていた。採掘場所が水没して操業できなくなった銅山の抜本的な再開発は、明治以後の近代化に俟たねばならなかったが、ささやかな再開発は各地で試みられ、その場合住友は探査・稼行で信頼され頼りにされる存在であった。

コラム　切上《きりあが》り長兵衛

住友の探鉱記録「宝の山」には、伝説の鉱夫として「切上り」が登場する。東海・北陸から九州にいたる一〇カ所ほどの小銅山について、かつて彼が働いた経験や見聞をもとに、それぞれの山の由来が書かれている。ただし別子銅山の項に彼の名前は見られない。

「切上り」とは、下から上へ向かって坑道を掘削する鉱山用語で、熟練した鉱夫でないとできない技術であった。長兵衛という名前は一度しか出てこないが、「切上り」の通称で知られた老練な技術者というイメージが浮かび上がる。有能な鉱夫は良い鉱脈を求めて渡り歩いたから、全国の鉱山事情に通じた彼の逸話が「宝の山」にも盛り込まれたのであろう。

ところが「予州別子御銅山未来記《みらいき》」という書物において、切上り長兵衛は別子銅山の発見者として再登場する。一般に「未来記」とは予言書のことである。同書は、別子の

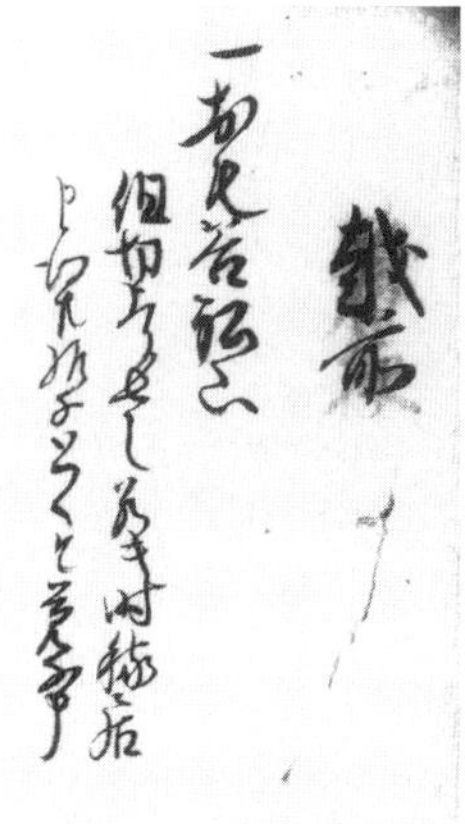

写真2-5　「宝の山」
3行目に長兵衛の名が見える

優良な鉱脈が地中深く続いていることを長兵衛から聞いた秘話をもとに予想している。これが書かれたのは一八世紀中ごろのことで、開坑から八〇年近くたって別子銅山の生産量は減退していた。こうした時期に、彼は鉱脈を見立てる超人としてよみがえった。

切上り長兵衛が実在の人物か否かはわからない。ただ「未来記」には、別子銅山が永く続くことへの願いが込められていた。そうした心情を背景に、住友の先人や別子で働く人びととの間で、探鉱の達人長兵衛による発見譚が長く伝承されてきたことは確かである。

第3章　火と水と土石とのたたかい

一　別子銅山の開発と発展

人知の限界を超えた鉱山業

鉱山業とは、自然とのたたかいである。有望な鉱山を求めて奥深い山野の道なき道を駆けめぐり、ようやく発見した露頭《ろとう》（地表に露出している鉱床）から、鉱脈を求めて地中深く掘りすすむ。たとえ掘りすすんだとしても、有望な鉱脈にめぐりあえるとは必ずしも限らない。あたれば莫大な富をえるが、はずれると破産の憂き目にあう。この投機性の高さこそ、鉱山業者がいちかばちかの山師《やまし》とよばれるゆえんである。

しかし、住友は鉱山業に自信と誇りをもっていた。一六八四年正月の幕府へ提出した願書には、「第一山稼ぎをまったく知らない素人、あるいは資金力のないものは、やり遂げるこ

写真 3-1　採掘現場（『別子銅山絵巻』）

とができないでいる。はばかりながら、私は諸国で山稼ぎをよく鍛錬しているものであり、たくさんの資金力をもって手広く稼いでいる」と記している。住友のように、技術と資金力を有するものだけが本当の「山師」と言いたかったのである。

鉱山では、鉱脈を切りだす採掘場を「切羽《きりは》」という。農業のように再生産が期待できない一回限りの真剣勝負の作業現場である。含有量の豊富な富鉱帯《ふこうたい》の採掘場に到達するには、経験と熟練のワザが必要であり、それにたどり着くまでの資金力を必要とするが、住友にはそれがあった。やっとの思いで富鉱帯に到達し採掘を開始すると、まっ暗な坑道のなかで、時としておそい来る落盤・涌水《ゆうすい》・酸欠などの事故や自然災害の恐怖におののかなければならなかった。死と隣り合わせの作業現場のなかで、住友の坑夫たちは黒襟の付いた白い作業着（鋪着《しきぎ》）を着ていた。黒襟を取るといつでも死装束にできるからだという。

また、坑口《こうぐち》を中心に営々と築きあげられた鉱山町は、突然の火災や鉄砲水によっていくどとなく被害をこうむり、尊い人命が失われた。しかし鉱山で働く人びとは、その苦しみのなかから立ちあがり再建の鎚音《つちおと》を響きわたらせた。

鉱山もまた人と同じように齢を重ねる。老いた鉱山は鉱脈が細り、その切羽（採掘現場）も地表面から遠く離れて地中深くなる。際限なく涌出する坑内水は人力で汲みあげるしかない。製錬用の木炭も周辺の山々を切り尽くし、遠くの炭山から山を越え、谷を渡って持ち運ぶ。この老化現象を鉱山では「遠町《えんちょう》深鋪《ふかじき》」と呼びならわした。鉱山業とは、まさしく人間のこざかしい考えが及ばない、大自然を相手とする人知の限界を越えた事業である。

住友で働く人びとは諸国鉱山を経営するなかで、事業の母体となった別子銅山にめぐりあった。大自然の火と水と土石とのたたかいのなかで、その魂《スピリット》を学び、きたえ磨きあげてきた。その別子銅山はいかにして発見され経営されてきたのであろうか。

別子銅山の発見が意味するもの

一六九〇年（元禄三）秋、住友が経営する吉岡銅山（岡山県高梁市）にいた手代の田向《たむき》重右衛門《じゅうえもん》は、瀬戸内海の対岸、四国の立川銅山《たつかわどうざん》（愛媛県新居浜市立川山）に勤めていた坑夫の切上り長兵衛からの知らせによって、立川銅山と隣りあった別子山村（新居浜市別子山）の山中に有望な鉱脈があることを知った。

重右衛門は手代の原田為右衛門、山留《やまどめ》（坑夫頭）の治右衛門らをしたがえ、吉岡から鞆《ともの》浦《うら》（広島県福山市）へでて、船で瀬戸内海をわたり、川之江の代官所（四国中央市川之江町）で見分の許可をえた。ただちに船で海岸ぞいに天満浦《てんまうら》（四国中央市）に向かい、上陸すると海抜一二〇〇メートル級のけわしい赤石山系の小箱《おばこ》峠を越えて、銅山川流域の別子山村にある弟地《おとじ》に到着した。それから銅山川の源流に向かって西にさかのぼり、うっそうとした密林の中にようやく有望な露頭を発見した。その場所が海抜一二九四メートルの銅山越《どうざんごえ》の南側斜面に位置する歓喜間歩《かんきまぶ》（以下、間歩は坑と記す）である。坑口の名は重右衛門一行が発見にさいして抱き合い歓喜したことにちなんでいると伝える。

別子銅山の鉱脈は、地下のマグマが噴出して母岩《ぼがん》と同時に生成された熱水噴出鉱床に起因するといわれている。その規模を分かりやすく説明すると、長さ一八〇〇メートル、厚さ（脈幅）二・五メートルの含銅硫化鉄鉱《がんどうりゅうかてっこう》の鉱体が、板状に海抜約一二〇〇メートルの山腹から、地中深く北東に約四五度から五〇度の傾斜で海面下約一〇〇〇メートル以上も延びていると考えるとよい。そのため、銅鉱脈が地表に突きでた露頭は、海抜約一二九四メートルの銅山越付近から一一五〇メートルの標高に、東西の延長約一八〇〇メートルにわたって見られ、坑口はこの露頭線にそってあけられたのである。

実は、別子銅山と立川銅山は、銅山越を分水嶺とする同一鉱脈の銅山であった（図3−2）。分水嶺の南側、幕府領の宇摩《うま》郡別子山村の坑口（大和《やまと》・中西《なかにし》・自在《じざい》・床屋《とこや》・歓喜・歓東《かんとう》・長永《ちょうえい》・大切《おおぎり》・天満《てんま》・代々《だいだい》・東延《とうえん》）のあるところが別子銅山とよばれ、一六九一年に大坂の山師・泉屋住友によって歓喜坑から開坑されたものである。分水嶺の北側、西条《さいじょう》藩領の新《に》居《い》郡立川山村の坑口（寛永《かんえい》・大平《たいへい》・都《みやこ》・大黒《だいこく》）のあるところが立川銅山とよばれ、寛永年間（一六二四〜一六四三）に同地の村人によって開坑されたと伝える。

右の別子銅山発見のいきさつは、すべて後世の諸記録によっている。なかでも当事者の田向重右衛門が発見の三四年後に記憶をたどりながら綴った「別子銅山初発《しょはつ》之《の》書付《かきつけ》」に切上り長兵衛の記載はなく、その発見のようすも、「道もなく、けものの声ばかりにて、人の通いたる所なし、ここかしこと尋ね廻り、ようよう尋ねあたり、夜中かがり火をたき、只今の歓喜間歩に掘り入り」と、ややおおげさに記している。発見当時のこの地域は、和泉国（大阪府）や京都・江戸の材木業者たちがつぎつぎと材木を伐りだしており、また銅山越を挟んだ立川銅山では一七世紀前半から経営がつづけられていた。決して前人未踏の辺境といえるものではなかった。

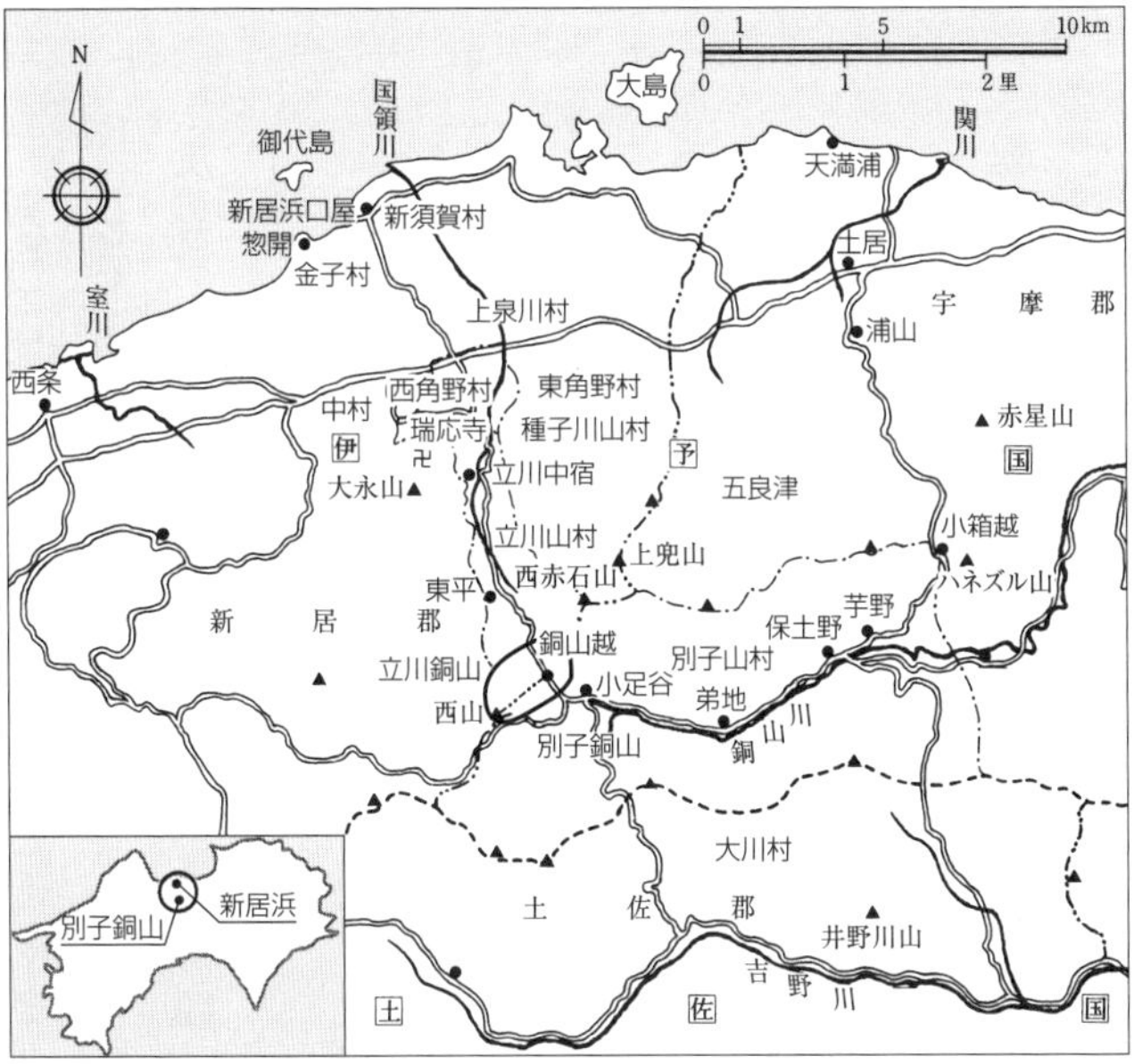

図 3-1　別子銅山周辺地図(幕末期)

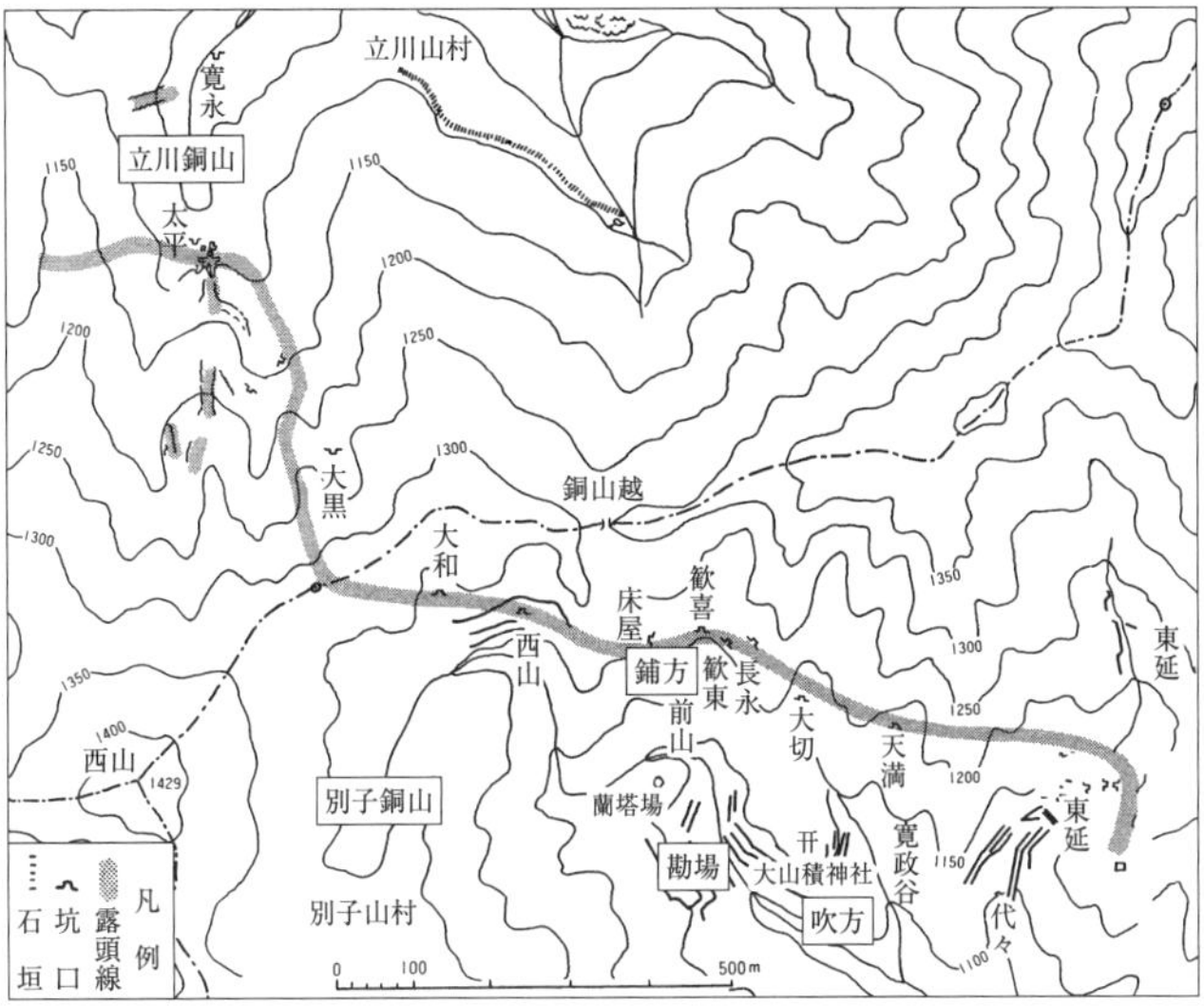

図 3-2　別子銅山坑口位置図(図3-1の別子銅山拡大)

実際には、別子銅山は一六八七年に宇摩郡三島村（四国中央市三島町）の祇太夫《ぎだいゆう》が見つけて試掘したのがはじまりであり、その後、新居郡金子村（新居浜市金子町）の源次郎が祇太夫の許しをえて試掘し、幕府に経営を出願したが、住友との競願になって出願そのものが却下されてしまったのが真相であった。

住友の経営出願にあたり、幕府から運上金の額が少ないので増額して出願せよとの指示があったが、重右衛門はその対応にてまどり、そのすきをねらって那須善五郎の名義人尾張留右衛門《おわりとめえもん》という新たな競願者があらわれた。一六九一年五月、京都に隠居していた三代友信は重右衛門に対し、「あまり十分過、もち〳〵いたし候故」と、慎重すぎてもたついているようすを注意し、早急に対処するよう指示した。同月に幕府から正式に住友の経営許可が申し渡され、ようやく開坑にこぎつけることができたのである。

別子銅山の発見と開坑には、こういうさまざまな伝承や事情があったにせよ、住友が幕府の許可をえて試掘したのは事実であり、試掘した最初の坑口が「歓喜間歩」であったことは動かすことができない。確かに住友が事実上の発見者ではあるが、それ以外の歴史は切り捨てて住友だけの発見物語にしてしまったのである。このようなことは歴史上よくあることで、発見の経緯は英雄伝説化したり、発見者の神格化がおこなわれたりしがちだ。

信憑性の高い史料が出現しない限り、発見者について議論すること自体あまり意味がない。むしろ、住友の先人や別子で働く人びとが別子銅山を心の紐帯とするべく、一体となってその発見譚を何代も長い年月をかけてはぐくみ伝承してきた思いに、われわれは耳を傾けるべきではないだろうか。

山上にあらわれた鉱山都市

一六九一年（元禄四）、別子銅山が開坑するまえの別子山村は、田地一・六反（二〇アール）、畑地三一町三反（三九ヘクタール）あまり、山林一万七七五五町二反（二万二一九四ヘクタール）あまりと山林が圧倒的に多く、村高《むらだか》（米に換算した年間生産高）はわずかに三四石に過ぎず、その面積に比べるときわめて生産高の低い貧しい山村であった。村の人口は四六四人、その中心は字《あざ》・瓜生野《うりうの》にあり、西に一六キロほど銅山川（当初は山城《やましろ》川と称した）を登り、弟地《おとじ》を過ぎたところに別子銅山があった。別子山村の産業の中心は焼畑であり、畿内の材木商がたまに材木の伐採に入りこむていどであった。

ところが、銅山開発が始まると最初に発見された歓喜坑の一〇メートルほど下に、鉱業所本部の勘場《かんば》（当初は台所と称した）が一軒もうけられた。同時に銅山を管理する御番所《ごばんしょ》が四軒置かれ、地役人の四家族が世襲で住むことになった。歓喜坑には採鉱部門の鋪方《しきかた》（上座《あがり》ないし山小屋ともいう）が一軒あり、ほかの坑口のものをふくめると合計五軒となった。また、坑口を中心に鉱石をむし焼きして硫黄分を除去する焼竈が四〇〇か所ほど散らばっていた。

製錬部門の吹方役所《ふきかたやくしょ》には、銅の重さを検査する銅御《どうお》改役所《あらためやくしょ》一軒と吹所《ふきしょ》ないし床屋と呼ばれた製錬所が付属していた。当初の吹所は歓喜・歓東坑から南東方向に七五メートル離れた大切坑（自在坑）付近の尾根にあったが、一六九四年四月に元禄の別子大火災によって二三軒の吹所が焼失した。大火災後の復旧によって、元の位置の吹所を「上床屋《かみのとこや》」、これより下方、大山積《おおやまづみ》神社直下の銅山川左岸に位置する新規吹所を「下床屋《しものとこや》」と称し、両者で七〇軒ほどあった。ところが、一七〇六年六月になると、上・下二か所の吹所では不採算になるとして、「下床屋」一か所に統合されて五三軒となった。その後、幕末までこの地が吹所となり、二〇～三〇軒で推移した。

木方《きかた》・炭方《すみかた》役所は、製錬燃料を担当する部門であり、炭蔵《すみぐら》が一一軒置かれていた。銅山で働く人びとには、家族が居住する稼人小屋が勘場を中心に二二五軒広がっていた。そのほか物資搬入の窓口である天満浦と中継基地の弟地には、住友の出店がそれぞれ一軒ずつもうけられていたが、瀬戸内海に面した天満浦は銅山から九里（三六キロ）も遠くはなれていた。

早くも開坑の翌年、新居郡郷村《ごうむら》（新居浜市郷）の記録には「銅山へ日用稼ぎに参り候者の願書あり」とあり、別子山村や周辺村落からの日用稼ぎが開始された。具体的に別子山村の本村でみると、じゅうらい十一月から二月までは雪が深く働くことができず、三月から男は焼畑や葛掘《くずほり》りをはじめ、男女とも焼畑への粟・稗の植えつけや草取りにはげんだ。七月からは粟・稗の収穫がはじまり、男は夜に鹿狩り、女は昼に猿を追いはらい、年中夜なべの紡ぎ仕事が待っていたというが、近年銅山が開発されてからは、中持《なかもち》と称する物資運搬や炭焼などの賃稼ぎができるようになったと記している。

表3-1　別子銅山の店員・稼人（1695年）

	職種	部署	人数
山師家内	管理	台所（勘場） 売場	14 6
	採鉱	上座（鋪方）	7
	製錬	床屋（吹方） 銅蔵 炭方 木方	7 4 5 4
	運搬	弟地役所 天満役所 日用廻し	4 4 2
	小計		57
稼人	採鉱	掘子など	1,032
	製錬	炭焼・手子	1,300
	運搬	弟地仲持 日用	180 150
	小計		2,662

出典：『住友別子鉱山史』上巻33・35頁

別子開坑四年後の一六九五年の記録によると、別子銅山における住友の店員数は表３-１にあるように、鉱業所本部の「台所」に一四人、同所に併設された購買部門の「売場」に六人、採鉱部門の「上座」に七人、製錬部門の「床屋」に七人、銅保管部門の「銅蔵」に四人、製錬燃料部門の「炭方」に五人、坑木・焼木部門の「木方」、運搬中継基地の「弟地役所」に四人、その北の小箱峠を越えた積出港の「天満役所」に四人、ほかに日雇いの「日用廻し」が二人、合計五七人が在籍していた。

そのほか同年十一月頃の稼人は、掘子《ほりこ》やその関係者が一〇三二人、弟地の仲持（運搬夫）が一八〇人、炭焼と手子《てこ》（手伝い）が約一三〇〇人、日用が約一五〇人の合計二六六二人ほどおり、五七人の店員がその約四六倍の稼人を管理していた。これを別子銅山が閉山した一九七三年（昭和四十八）と比較すると、別子事業所の職員数四〇四人にたいし、労働者はその約五倍の二〇九四人に過ぎず、江戸時代はいかに少ない人数で多くの労働者を管理していたかがわかる。

稼人の出身地を、一六九四年に起きた火災の焼死者名簿でうかがうと、掘子が摂津多田（大阪府）・石見（島根県）・備中（岡山県）・阿波（徳島県）・讃岐（香川県）・伊予（愛媛県）、および広島・尾道・三原となっており、吹方は陸奥山形（山形県）・日向（宮崎県）・備中・紀伊熊野（和歌山県）・阿波・讃岐・伊予、日用は近隣の新居郡郷村・小松町・上野山村などとなっていた。採鉱・製錬については、専門の熟練技術者を必要としたので、摂津多田銀山・石見銀山・備中吉岡銅山・紀伊熊野銅山の鉱夫が家族で入山し、単純労働の日用は近隣の農村からの出稼ぎ者でまかなったことがわかる。

当時の鉱山には隠れキリシタンが入山することがあったので、別子銅山をふくむ伊予幕府領の支配代官はこれを厳しく取り締まった。別子開坑時の請書では宗門改めを入念におこなうことを誓約し、八年後に天満道の運搬路として保戸野中宿《ほどのなかじゅく》が開設されると、手代勘七は代官山木明景《やまきあきかげ》が駐在する京からキリシタン制札を持ちくだっている。こうして、開坑後わずか数年で海抜約一二〇〇メートルの山上に、採鉱・製錬・運搬など九つの部署と、店員五七人、稼人二六六二人を抱える一大都市が忽然と誕生したのである。

世界一の産銅高を支える

一六世紀の世界の産銅高は、ドイツが二〇〇〇トンで最高であった。一七世紀半ばになると、スウェーデンが延びてきて、およそ三〇〇〇トンに達したといわれている。ところが、一七世紀末に日本がそれを遥かに抜くことになった。

一六九七年に長崎から輸出された銅は五三〇〇トンで、その前後に六〇〇〇トンの産銅高を記録して世界一となったが、その原動力となったのが一六九一年に開坑された別子銅山で

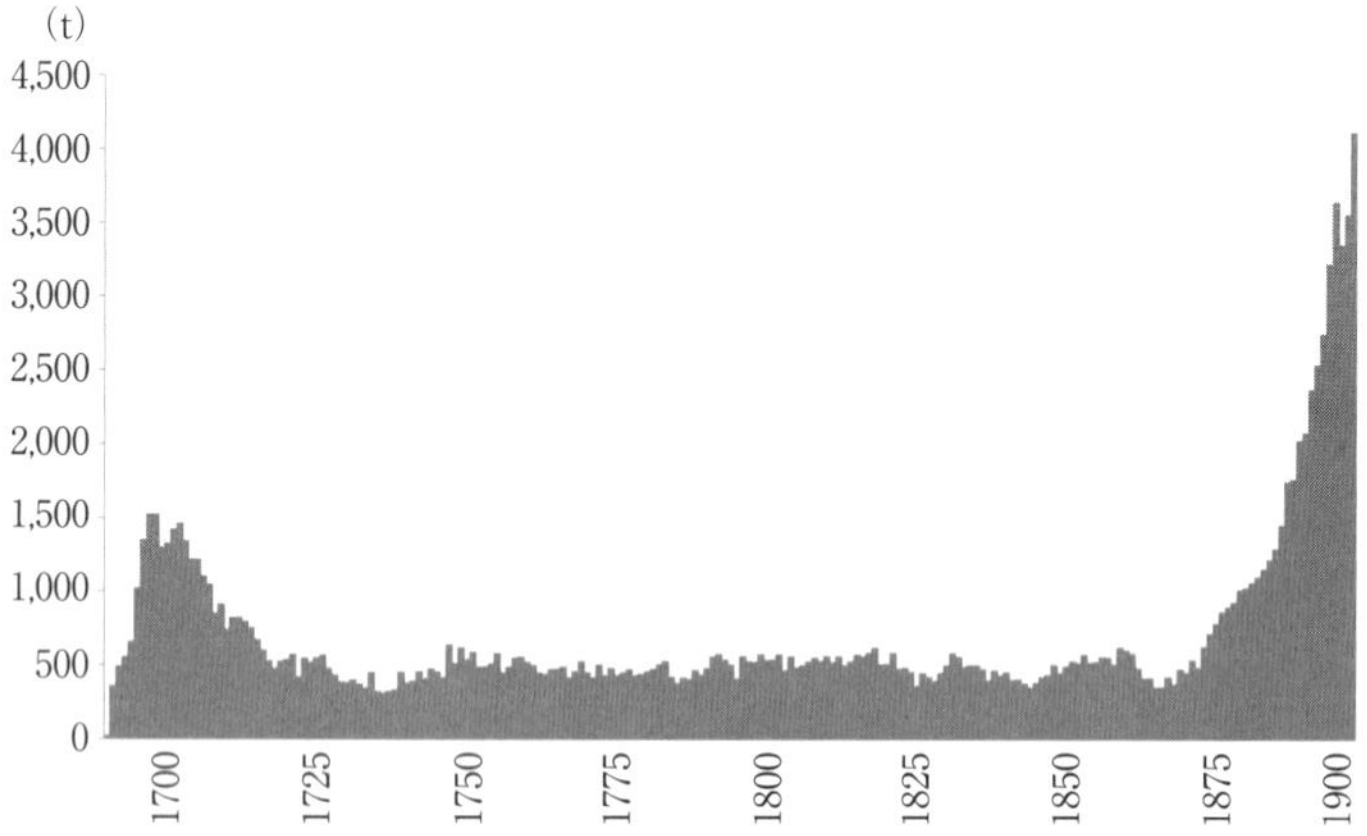

図 3-3　別子銅山の産銅高

あった。すなわち、開坑当初の産銅高は一九トンに過ぎなかったが、翌年には三五八トンとなり、その三年後には六五七トン、さらにその三年後の一六九八年には一五二一トンに達し、江戸時代の最高記録を達成した。日本から輸出された銅の四分一が別子銅だったのである。

開坑当初は採掘場も坑口から浅く、採鉱条件と良質の鉱脈に恵まれ、一六九七年から一七〇八年まで一一年間連続して一〇〇〇トンの大台に乗った。その後、明治時代の近代化を経た一八八〇年（明治十三）まで一〇〇〇トンの大台を越えることはなかった。それほど開坑当初は良質の鉱脈に恵まれていたのである。

二　銅山永続に向けた戦略

別子銅山の支配をめぐる問題

開坑当初の別子銅山は、幕府代官の支配する宇摩郡に属し、隣接する立川銅山は、松平西条藩が支配する新居郡に属した。そのため、物資運搬に最寄りの一八キロ離れた新居郡の新居浜浦（新居浜市）へ通じる新居浜道を使用できず、わざわざ別子銅山から銅山川を東にくだり、急峻な小箱峠を越える約三六キロの宇摩郡天満浦（四国中央市土居町天満）へ通じる天満道を使用していた。そこで、一六九四年に住友では両者の駄賃を比較したところ、天満道が銀一〇五貫五〇〇目、新居浜道が銀四九貫二〇〇目と算定した。住友はルート変更によって経費が半分以下に削減できると確信したので、翌年西条藩へ領内を通って新居浜浦にでたいと出願したが、立川銅山との境界論争に重なり沙汰を得られなかった。

一七〇一年六月になって、再度西条藩へ出願したところ、立川銅山の荷物とまぎらわしくなるので、これとは別に新道を作るなら許可してもよいとの内意を得た。さっそく翌年六月、住友では「かうと谷」（上兜山《かみかぶとやま》のこと）と「赤太郎尾《あかたろうお》」（西赤石山のこと）のあいだの尾根を越え、種子川山村（新居浜市種子川山）へでる小道を切り広げ、種子川山村から新須賀村

（新居浜市新須賀町）の浜へでたいと出願したが、新須賀村の浜は、国領川《こくりょうがわ》の堆積した砂浜で港に適さず、このルートは出願だけに終わったらしい。

また、開坑四年後の一六九五年四月に、たまたま別子銅山と隣接する立川銅山の坑道が抜き合い（貫通）し、住友と立川山師の金子村弥市左衛門《やいちざえもん》とのあいだで鉱脈の所有をめぐって境界紛争が起きた。翌年九月、両者はその境界について幕府評定所へ訴え、幕府は別子山村と立川山村の分水嶺を境界にすると裁定を下し、その境界に鉄格子の「地獄榜示《じごくぼうじ》」がはめ込まれた。そこで境界を調査したところ、弥市左衛門が別子側へ一〇七メートルあまりも侵入していたことがわかり処罰され、立川銅山の山師は同じ金子村の新五左衛門にかわった。

この訴訟後も、ほかの坑道で抜き合い事件が数回あり、そのたびごとに分水嶺直下の坑内現場に分杭を打って境界の目印とした。これらの事件は運搬路と同様に、住友に別子・立川銅山の合併を強く意識させる要因となった。

別子銅山永続策の答申

そのころ江戸では、幕府が財政難を打開するために元禄の貨幣改鋳を断行し、金銀貨の品位低下によって得られた鋳造益を財政資金にあてることにした。その財政政策を取りしきったのが勘定奉行の荻原重秀《おぎわらしげひで》であり、続けて一六九七年春には全国的な幕府領の再編成（元禄の地《じ》方直《かたなお》しと知行割替《ちぎょうわりか》え）を実施した。

これを契機に荻原は、西条藩領（松平氏、三万石）であった立川銅山と新居浜までの運搬ルートの村々をとりあげて幕府領にし、別子銅山の後背地にできないかと所管の代官に調査を命じた。さらに荻原は、一七〇一年春に幕府が長崎貿易の対価としてオランダ・中国へ渡す長崎輸出銅を確保するため、大坂に第一次銅座（幕府の銅専売機関）を設置し、諸国銅山の輸出用の銅を銅座で買いあげることにした。併せて荻原は全国有数の山師である住友と大坂屋久左衛門《きゅうざえもん》に、その経営する銅山の産銅振興策を問いあわせた。

それを受けて一七〇二年正月、住友では四代当主友芳《ともよし》が別子銅山の涌水対策や運搬路の確保、その資金や食料米の確保などについて、これを末永く経営できるよう要望するため江戸へ下向した。隠居の実父友信は、幕府と交渉する心がまえとして「焼鳥にへ《（捉緒）》を御あんし候へく候」と書きおくっている。別子銅山を幕府に召しあげられないよう、飛ぶはずのない焼鳥の足にとらえ紐（捉緒）をつけるように、用心して慎重に交渉せよということであった。荻原への要望を兼ねた答申は次のような内容であった。

①別子銅山の涌水排出費を削減するため、標高の低い立川銅山側へ排水坑道（寛永疏水坑

道）を開削したいこと。

②現在の天満浦への物資運搬路は、九里（三六キロ）の険しい道のりなので、四里半の新居浜浦へ運搬路を開設したいこと。

③坑内の支柱（坑木）や製錬燃料として、もよりの旗本一柳領の山林を利用したいこと。

④別子銅山を長期計画で経営したいので、永代経営にしてほしいこと。

⑤経営資金として一万両を一〇年賦で借用したいこと（翌年、経営資金五〇〇〇両と買請米六〇〇〇石の払い下げに切り替え）。

以上の五項目は、いずれも経費節減策と経営の助成願であった。荻原は友芳に対し、立川銅山への疏水坑道は聞きとどけられないが、新居浜浦への運搬道開設と一柳領の炭山使用については、所管の西条藩と一柳氏に意向を申しわたす。永代請負については聞きとどけ、経営資金五〇〇〇両は、吉岡銅山と合わせて一万両とし、買請米六〇〇〇石も許可すると回答した。ここに別子銅山の永代請負の基盤が確保されたのである。

翌年十月ごろ、新居浜への運搬路（泉屋道《いずみやみち》）は、幕府からの拝借金一万両の一部が使用され開通した。そこで、翌一七〇四年に荻原は先の代官答申により別子銅山の運搬路をふくむ後背地問題について、西条藩領のうち、国領川水系で銅の運搬や、別子銅山つづきで炭山

表3-2　幕府領と西条藩領の知行替（1704年）

A　西条藩領→幕領		B　幕領→西条藩領			西条藩増高
新居郡	村高	宇摩郡	村高	新田分	差額（B－A）
	石		石		
立川山村	81.720	＊長田村	349.043	26.669	
大永山村	88.013	＊小林村	517.846	28.269	
種子川山村	61.895	＊蕪崎村	1,017.716		
東角野村	372.735	上分村	503.430	2.629	
西角野村	310.501	金川村	237.042	1.356	
新須賀村	794.330	中ノ庄村	410.457	33.164	
		東寒川村	627.196	15.126	
		西寒川村	487.153	34.597	
合計（計算値）	1,709.194		4,149.883	141.810	2,582.50
合計（記載値）			4,237.147	101.840	

注：＊は、一柳知行所を上知して渡した村

となる村の幕府領編入が適当であると考え、表3-2にあるように幕府領と西条藩領の知行替え（領地替え）が行われ、立川山村・大永山《だいえいやま》村・種子川山村・東角野村・西角野村・新須賀村の六か村が西条藩領から幕府領に編入された。そのさい、西条藩領が二五〇〇石あまり増加しているが、当時の記録に「銅毒《どうどく》荒《あれ》見込《みこみ》御増高《おましだか》」とあり、幕府は西条藩の国領川沿いの村々を上知するにあたり、銅山による田畑の銅水被害分を宇摩郡の領地で補償したらしい。

その後、別子・立川銅山は伊予幕府領とともに幕府代官による支配が続いたが、一七二一年には伊予松山藩の預り所となり、幕末にいたるまで同藩が差配した。

銅山の合併

いっぽう立川銅山の経営者は、一六九九年から京都糸割符仲間《いとわっぷなかま》へ、さらに一七二七年から住友とならぶ大坂の銅吹屋の大坂屋久左衛門にかわった。その間、運搬に便利な住友の泉屋道を、立川銅山のものが通行するので、たびたび紛争となっていた。

一七四八年に大坂屋は、立川銅山の経営に行き詰まり、住友に譲渡したいと申してできた。住友ではこれを機会に別子・立川銅山を合併し一手経営しようとしたが、西条藩領の農民が合併すると煙害や銅水の被害がひどくなると反対し、さらに第二次銅座とこれに肩入れする勘定奉行神尾春央《かんおはるひで》が立川銅山の経営に触手を伸ばしたため困難となった。そこで、住友ではとりあえず、分家の理兵衛が美坂杢兵衛《みさかもくべえ》という名義人を立てて立川銅山を請けおい、杢兵衛が死んでからは理兵衛が名義請負人となり経営した。

ようやく一五年後の一七六二年二月になって、住友では別子・立川銅山合併の機が熟したと判断し、本家吉左衛門《きちざえもん》と分家理兵衛の名義でそれぞれ松山預り役所に出願した。譲渡人の分家理兵衛は、「親類の泉屋吉左衛門にこれまで世話になってきたが、経営難により相続しがたいので一手経営しか方法がない」と述べ、譲受人の本家吉左衛門は、「一手経営により立川銅山の鉱石を別子銅山の歓喜坑から別子山側へ運びだし、別子銅山の鉱石と一緒に製錬できるので、人手が減少できる」と経営の合理化を主張している。

同年閏四月、勘定奉行の一色政沆《いっしきまさひろ》と石谷清昌《いしがやきよまさ》の申し渡しには、「両山一手に経営すれば、経費節減によって産銅高が増加し御益筋にもなる」とあり、長崎輸出銅を確保するために合併を許可したことがわかる。なお、この両奉行は、銅の専売を目的とした第三次銅座の設立に深くかかわった人物である。

別子・立川銅山の合併により、新居浜港までの運搬ルートが泉屋道に一本化されたことはいうまでもない。また経営の合理化だけでなく、立川銅山の全施設が別子に移転したことにより農民の理解が得られ、林野・河川・耕地の環境保全に役立つと考えられたのである。近代の煙害問題における新居浜製錬所の四阪島《しさかじま》全面移転を先取りする出来事であった。

こうして別子銅山は、勘場（鉱山本部）・鋪方（のちの採鉱課）・吹方（同製錬課）・炭方（同製炭課）・荷方（同運輸課）・立川中宿（運搬中継地）・新居浜口屋（海運窓口）の諸施設を配備し、幕末までこの体制が踏襲された。定住人口はほぼ三〇〇〇人で推移し、これに日用の稼人や行商人・中持などを加えた交流人口は一万人に達したであろう。

三　苦難に満ちた銅山経営

深くなる坑道と見失った鉱脈

別子・立川銅山が合併されると、銅山の主要坑道は隣接した歓喜・歓東坑に集約された。歓喜坑は立川本鋪ともよばれ、鉱脈北西の切羽（採掘場）や大和・中西・自在・床屋の各坑口に通じていた。歓東坑は別子本鋪ともよばれ、鉱脈北東の別子銅山側の切羽（その最下部が三角《みすま》の富鉱帯）に向かって掘りすすめられ、通風や排水もかねて長永・大切・天満・代々・東延の各坑口とつながっていた（後掲図3-4）。

別子銅山の開坑当初の採鉱は、露頭にそって前述の坑口から坑道を開き、地表面に近い部分を掘っており、また製錬用の木炭や所要の木材も別子周辺の山林でことたりていた。ところが、別子では一八世紀初頭までに地表面に近いところはほとんど掘りつくしたため、歓喜・歓東坑を中心に地中深く掘りすすんだ。鉱山の宿命ともいうべき「遠町深鋪《えんちょうふかじき》（燃料運搬が遠く、坑道が深くなること）」現象が進んだため、一七〇九年の産銅高は八四九トンと、一六九八年のピークから初めて一〇〇〇トンの大台を割りこんだ。その後、一七三〇年には三八六トンと開坑いらいの最低を記録した（前掲図3-3）。

これを打開するため、住友では一八世紀はじめから「鉉探し《つるさが》」とよばれる探鉱を盛んに行っており、一七二九年暮れには今まで追っていた最大の鉱脈を見失った。鉱脈の消滅は、たびたびあったらしく、そのつど探鉱したり、新規の疏水道工事などで坑内水を排水し、元の鉱脈を探しあてたりしていた。

「泉屋道」の開拓と生活物資の確保

一七〇三年十月ごろ、住友の泉屋道が開通したことによって、新居浜浦が別子銅山の新たな外港となったことはすでに述べた。泉屋道の造成については、「この道筋は、新たに山を切り抜き、岩石を切り通し、谷間のところどころに梯子《はしご》を渡し、地積《じづみ》（桟道《さんどう》）を築き、谷を埋め、さまざまな大造成普請であった」とその苦難のことが記されている。当時の記録によると、「新居浜よりは高山へ運びあげ候儀、難所険阻の山坂、馬車の通路一円これなく、ようよう米二斗ほどずつ人夫を雇い背負いあげ候」と記し、この泉屋道がいかに難所であったかがわかる。

写真 3-2　桟道図

別子銅山は、一年のうち十一月から二月頃まで運搬路が大雪に閉ざされるので、ふだんから稼人と家族の食料米や生活必需品、および製錬に必要な炭薪の備蓄が必要であった。一七一二年の記録によると、一年間の入用米二万石あまりのうち、銅山と新居浜口屋・立川中宿の三か所でふだんから四〇〇〇〜五〇〇〇石を、製錬用の薪は七〇〜八〇万貫目（二六二五〜三〇〇〇トン）、木炭は一〇万俵を備蓄していると記している。

別子銅山は幕府の銅山として、毎年多くの長崎輸出銅の産出（一七五四年以降七二万斤＝四三二トン）を義務づけられており、コンスタントに輸出銅を産出するため、ふだんから物資を備蓄する必要があった。定住人口三〇〇〇人を越える鉱山町の日常物資の搬入は、立川山村の住人が中持としてあたっており、ひたすら人力に頼らざるをえなかった。

一八七四年（明治七）三月、フランス人鉱山技師ルイ・ラロックは運搬路のようすについて、次のように記している。まず、新居浜口屋と立川中宿を結ぶ約六キロの登り道については馬荷で運んだが、「主要道路でありながら、道の作り方が不規則で道幅も狭く、道路面が低くて梅雨どきには浸水する」と難点をあげている。つづいて、立川中宿から鉱山への海抜一二九四メートルを越える一六キロの道のりについては、「この交通路は山道という名にも価しない。人間一人が通れるだけだ。馬どころかロバも山賊さえも通行できない。運送には使用不可能である。それはヨーロッパで山羊道とよばれているものである」と手きびしい。

冬期の銅山越は積雪が多く過酷であった。運搬路がふさがれてしまい、「銅山越が近づくと道しるべが彼らを誘導した」と記している。江戸時代の絵図によると、確かに銅山越の北側斜面に、道筋にそって棒状の柱がならんで立っている。

村方との銅水問題

一七六二年に銅山合併が実現すると、寛永疏水坑道の工事を住友の手で再開し、一七七六年に完成させた。住友では国領川水系の村方との約束もあり、立川銅山の銅水だけをこの坑道から排出していたが、一七八五年からの大涌水に悩まされ、別子本坑の中走り《なかばし》とよぶ場所で立川坑との境目を掘りぬいた。いわゆる天明の大涌水である。それまでの大涌水は四、五年で自然減水したが、今回の涌水はふつうではないと記録されている。そのため、住友では吉岡銅山・生野銀山・石見銀山から優秀な水引人夫を別子に呼びよせ減水につとめたが、その効力をさらにあげるため、やむなく立川坑への排水を決断したのであった。

それを知った西条藩領松木村の大庄屋鈴木富右衛門《とみえもん》は、別子銅山支配人泉屋嘉右衛門《いずみやかえもん》に対し、「別子の坑内水を寛永疏水坑道から立川側へ流すのは取り決めに反するので、異論がある場合には証文にあるように再見分したい。また、この風聞が事実とすれば、掘りぬきは中止してほしい」と申しでた。その後の交渉経緯は不明であるが、三年後に村方《むらかた》は別子銅山の銅水を寛永疏水坑道から国領川に流すことに同意したので、銅山側から村方に対して銅水の監視に同意する誓約書を提出した。銅水の排水については、国領川水系の寛永疏水坑と大平坑、銅山川（吉野川）水系の代々疏水坑の三か所出口で水質の善悪や排水量の監視が領主から村方に命じられた。鉱山業は、地域社会の理解なしに存続し得ない産業なのである。

これ以降、別子銅山の銅水は寛永疏水坑道から国領川水系に流した。銅水は硫酸や銅分を含んでおり、これが稲や作物の根毛を痛め、養分の吸収を妨げて枯死にいたらせるのである。しかし一八〇四年に銅水調査をした西条藩領沢津村の大庄屋藤田初右衛門は、「銅水の量は増えても、稲の生育については以前と格別変わった様子はなく、それは稲自身に耐性がつき、銅水に塩田の塩竈の焼け土を混ぜて解毒しているからであろう」と答えている。おそらく、別子・立川銅山の一手経営によって吹所をふくむ立川銅山の全施設が別子銅山側に移ったので、鋪方から廃棄されたズリ（選鉱カス）からしみでる銅水が減少したこと、また寛永疏水坑道からの銅水も国領川の浄水と混ざりあい薄くなったこと、および鉄分を多くふくむ塩田の鉄釜の残滓《ざんし》が、銅水の銅分を沈殿させたことなどが理由であろう。

じゅうらい西条藩の国領川水系の村々では、銅水が田畑に入らないよう、その取り入れ口

（水口《みなくち》）に杉葉をおき、長うねを数回通過させて浄化する「とべ作り」や、水口に掘った池に杉葉を入れ、銅水を導いて銅分を沈殿させる「沈殿池」をもうけて、銅水を処理していた。この作付けできない田地を、西条藩では「水口荒《みなくちあれ》」と称して年貢を減免してきたが、一七五四年（宝暦四）から定免制《じょうめんせい》の実施によってこれを廃止している。その後も、銅水を中和する努力がねばり強く重ねられたが、その解決は一九〇五年（明治三十八）の坑水路と山根収銅場《やまねしゅうどうじょう》の設置まで待たなければならなかった。

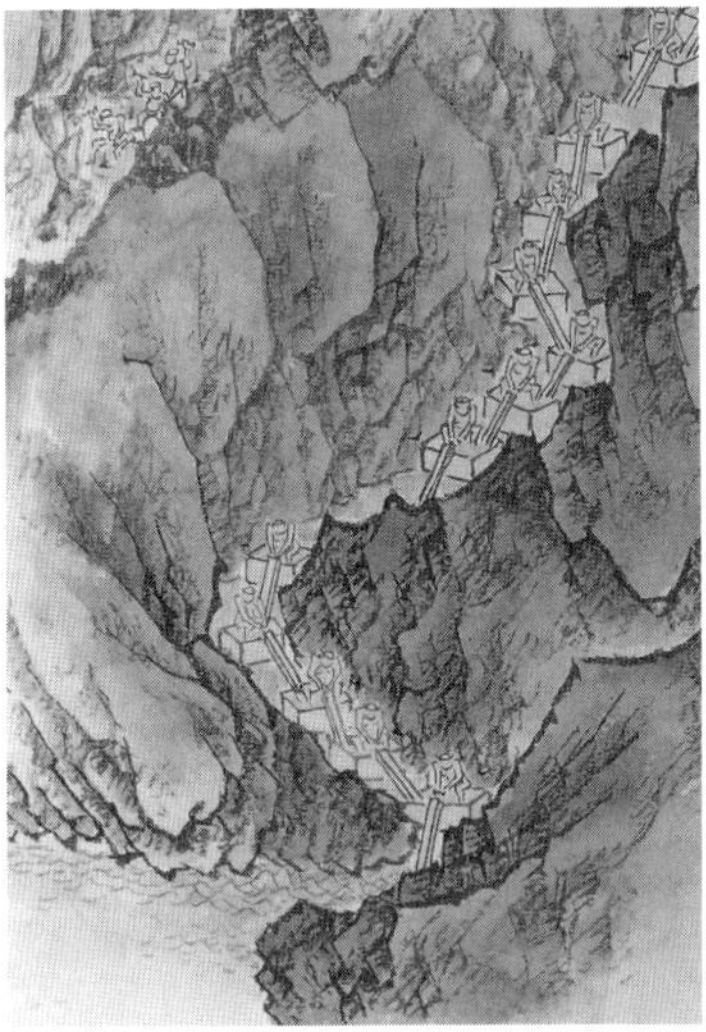

写真 3-3　水抜図

涌水とのたたかい

一六九一年（元禄四）の別子開坑から一九七三年（昭和四十八）の閉山まで二八二年間に掘りすすんだ坑道の深さは、海抜一一〇〇メートルの歓東坑（近代の一番坑道レベル）から海面下九五〇メートルの採掘場（近代の三二番坑道レベル）までその深さ約二〇〇〇メートルにおよんだ。

しかし、江戸時代はたびかさなる涌水や、未熟な排水と疏水坑道によって、近代の第三通洞につうじる海抜約七五〇メートルの採掘場「三角《みすま》」(近代の八番坑道レベル)まで深さ三五〇メートルの段階にとどまっていた。

一七四三年の史料によると「別子銅山は、他国の銅山と比べてその困難さは雲泥の差がある。数十年稼行してきたので、坑内には銅を掘り出した穴が縦横無尽に走っており、土底のことなので、涌水が強く、これを絶えまなく引きあげる人夫は、一昼夜を八回の交代制とし、かわるがわる引きあげている。もっとも、坑内の採鉱そのほかの人夫は、五節句あるいは骨休みなど、おりおり休日もあるが、数百人の排水を担当する人夫だけはずっと坑内にいて、排水する場所を離れるわけにはいかない」と述べている。絶えまなく涌きだす涌水の排出は、かたときも休めない仕事なのである(写真3-3)。

別子銅山では、坑内の涌水に対処するため、開坑一一年目(一七〇二年)に、立川銅山側の寛永坑(海抜一〇一二メートル)から立川谷(国領川水系)に排水する疏水坑道の工事を幕府へ出願したが、別子・立川銅山が住友の一手経営でないことを理由に却下されたことはすでに述べた。そのため、その七年後(一七〇九年)に住友ではこれより上方、海抜一一〇〇メートルの東延谷に位置する代々疏水坑道の工事に着手し(図3-4)、約五〇年も

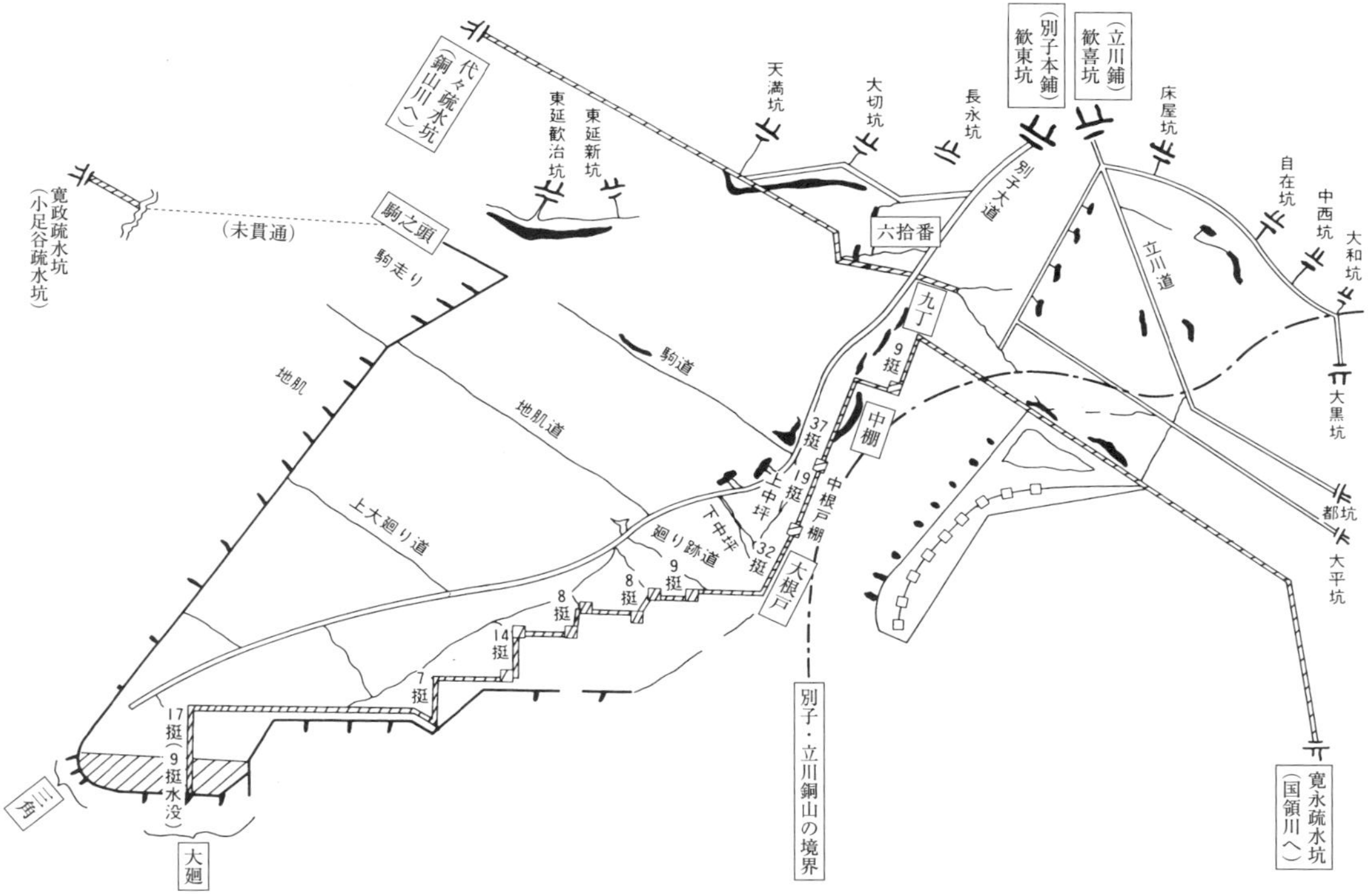

図 3-4　別子銅山排水経路図（安政3年「別子立川両御銅山鋪内図」より）

かかって一七六〇年代に全長約七二〇メートルを掘りぬいた。これは、近代の一番坑道レベルにある疏水坑道で、吉野川水系の銅山川へ流すものであった。

一八世紀前半、別子銅山では海抜約一二〇〇メートルの歓東坑から坑内約八九〇メートルの「根戸《ねど》」まで深さ三一〇メートルを掘り進んでおり、ここから外部への排水施設のある海抜約一一〇〇メートルの「六十番突込《つっこみ》」（のちに代々疏水坑道につながる）まで一一九挺の箱樋《はこひ》とよばれる排水ポンプを継ぎ足して涌水を汲みあげていた（前掲写真3-3）。

箱樋一挺の長さは約一・八メートルであり、深さ二一〇メートルを一一九挺で引きあげると一挺あたり一・七六メートルとなるが、その誤差は坑道の傾斜にそって斜めに設置していると考えるとよい。箱樋と箱樋のあいだには何か所かに荷替《にがえ》とよぶ木製立方体の水溜があった。水引人夫一人が箱樋を一ストローク動かして引き揚げる水量は一二・六リットルなので、最小の荷替は一〇〇〇ストローク分の一二・六立方メートルが入り、最大の荷替は一万ストローク分の一二六立方メートルの水が入った。この最大の荷替は、坑内の海抜約八四〇メートルに位置する「大根戸《おおねど》」に据え付けてあった。

一八世紀後半には、海抜約一〇四〇メートルの寛永疏水坑道が完成したので、歓東坑直下の同疏水坑道レベルの「九丁《きゅうちょう》」を起点に、ほぼ四五度の角度で北東へ傾斜し、海抜約一〇一〇メートルの「中棚」まで樋数四六挺、ここから同角度に前述の「大根戸」まで傾斜して五一挺、さらに一九世紀はじめに到達した海抜約七五〇メートルの「三角」までの六三挺を加えると、合計一六〇挺、高低差にして二九〇メートルあまりに及ぶ間隔を引きあげていたのである（前掲図３-４）。

久米栄左衛門の坑内測量と涌水対策

一八世紀末から寛永疏水坑道が別子銅山の主要な排水坑道となったが、さらに抜本的な涌水処理が企画され、一七九二年（寛政年間）には別子銅山南麓の小足谷《こあしだに》（海抜九一四メートル）に疏水坑口をひらくため、坑内の「駒之頭《こまのかしら》」を目標に八五〇間（一五三〇メートル）の手掘りを開始した。寛永疏水より標高の低い小足谷から吉野川水系の銅山川へ涌水を流そうとしたのである。ところが、徳島藩から銅水が吉野川に流れこむと、特産品の藍や田畑に支障があるとして反対され、一八〇四年に普請を中止した。そのため、国領川水系の寛永疏水坑道からの排水にいっそう尽力しなければならなくなった。

その後一九世紀に入ると、一八二五年の採掘場は、江戸時代の最下部である「三角」（海抜七五〇メートル）に到達していた。銅水の排出はかなり順調に進んだといえよう。ところがまもなく「三角」で涌水があり、その後も排水作業に追われた。いわゆる文政の大涌水とよばれるものである。翌年四月、別子支配人今沢卯兵衛《いまざわうへえ》は、高松藩に仕えていた久米栄左衛《くめえいざえ》門《もん》へ涌水処理法の考案を依頼した。

久米は、測量・軍事・土木・塩田開発などに長けた技術者で、平賀源内と並ぶ近世の発明家であった。現存する久米が測量した坑内絵図をみると、「三角」涌水を寛永疏水坑道から坑外へ排出する経路が実測図で記されており、その後一八七四年（明治七）にフランス人技師ラロックも坑内絵図をえがくときの基本図とした。

水没した富鉱帯

幕末期の一八五〇年にいたり、文政の大涌水で水没した箱樋一九挺のうち八挺を水没から引き上げ、四月になって「三角」の富鉱帯の残水を二六年ぶりにすべて引きあげた。ところが、一八五四年、世にいう安政の南海地震があり、五日間は採掘場へくだることができない状態で、別子本坑の最下部「三角」の岩盤からはあちこちから水が勢いよく吹きだした。

そのため排水に努めたが、当時は一昼夜に一一三・四立方メートルほどの涌水があって、複数設置していた八〇〇から九〇〇挺の箱樋がつぎつぎに水没していった。その後も震動がつづき、翌年にまた激しい地震があって涌水が増加し、ついに主要な「大廻《おおまわり》」と「三角」の採掘場が水没してしまった（前掲図3-4）。

そこで銅座役所に助成金を出願したところ、幕府は御普請役《ごふしんやく》の副田元右衛門《そえだもとえもん》と長崎会所の中山新十郎を別子銅山の涌水見分に派遣し、坑内の水引《みずひき》現場をはじめ銅山の諸設備をつぶさに見分した。これにより、両役人は長崎奉行の川村修就《かわむらながたか》が発案したオランダ製ポンプの採用試験を熱心に勧めた。

これに対し、住友はポンプの採用は難しいと上申したが聞きいれられず、ついに長崎から別子にポンプが送付されて実地試験が開始された。当時の別子支配人岡野徳兵衛《おかのとくべえ》は、「ポンプは大きく重いので、平地では便利であるが、坑内は狭くて持ち運びできない」と上申し、比較的浅い東延坑で実験することになった。坑内へ搬入する前に、東延滝の滝壷で和式の箱樋との水引競争をおこなうと、「ポンプは箱樋の半分も排出できず、そのうえ人夫も人一倍疲れた」というありさまであった。また坑内では、銅水のため「鉄類にことごとく赤さびがでて、小細工のネジ道具が腐食した」と報告している。住友家はこの惨澹たる結果を銅座役所に報告し、ポンプの採用は沙汰やみとなった。

安政の大地震いらい、「三角」から「地肌《じはだ》」（海抜約八九六メートル）の採掘場まで一四七メートルあまりが長く水没していた。これまで「地肌」から国領川水系の寛永疏水坑道まで、高低差一四三メートルを箱樋で引きあげていたが、もしこれより八五メートル下の小足谷疏水坑道が完成すると、五八メートル分の箱樋が節約できた。ここで改めて、小足谷疏水坑道の問題が浮上し、一八六八年（明治元）にいたり別子銅山支配人の広瀬宰平《ひろせさいへい》によって開削工事が再開されるのである。

四　災害への対応

きびしい自然条件

別子銅山では海抜一一〇〇メートルの険しい高所に、三〇〇〇人を越える稼人《かせぎにん》とその家族が密集して生活しており、その設備や下財小屋《げざいごや》とよばれる長屋は、急斜面に石垣やつっかえ棒で支えられた建物であった。気象条件はきびしく、台風による風水害や積雪による雪崩など四季をつうじて自然災害にあいやすかった。後年ではあるが、一八七四年（明治七）三月別子銅山を視察したフランス人技師ルイ・ラロックは、きびしい生活環境についてつぎのように述べている。

私は別子の気候をつぎのように特徴づける。四月までは、雨とラップランド〔Laponien〕

地方のような寒気との交互の繰返しである。春期は六月末まで雨で、それも休みなしの大洪水のような雨である。夏のあいだ七月と八月には一か月にせいぜい一八日から二〇日の晴天を期待できる。八月末から秋の一部は、絶えまない暴風雨の連続である。静穏なあいまを除いては、二歩前方が見えないくらいの雲に覆われてしまう。最後に九月末から遅くとも十月十五日には冬の到来である。冷たく激しい風と、あられと雪との繰返しではじまり、きびしい寒気で終わる。その寒さは、私が一八六九年にアルプスの頂上で過ごした十二月と一月の記憶をすっかり身内から消しさるほどである（中略）。ごく若いうちからこの気候に慣れていない者にとって、この地方での生活を耐えがたいものにしている。そのうえ冬のとてもきびしい寒気は、人々の証言するところでは、山地の住民でも、真の別子地方の出身者でなければ、とうてい我慢できないほどであるという。これらの状況は、自然環境や土地の起伏と同様に、鉱山をまったく悪条件のもとにおいていたことを認めざるをえない。

このようなきびしい山中の過密都市では、ひとたび風水害や火災・流行病が起こると、平地では考えられないような甚大な被害が発生したのである。

どのような災害が起こったのか

別子銅山ではいろいろな災害が発生すると、長崎輸出銅の減産につながったので、そのつど代官所（一七二一年から松山藩の預り所）をつうじて幕府勘定所《かんじょうしょ》へ被害届を提出した。これにより、一六九四年四月から、幕末の一八六七年まで一七四年間に一四一件の被害届が確認できる。年平均にすると、〇・七五件の災害があったことがわかる。これとは別に銅船・買請米船《かいうけまい》の海難事故が判明するだけで九件あり、これを加えると一五〇件となる。

その内訳は表3-3にあるように、風水害が八三件（全体の五五・三％）、火災が二九件（同一九・三％）、流行病が二一件（同一四・〇％）、海難事故が九件（同六・〇％）、雪害が三件（同二・〇％）、地震が三件（同二・〇％）、旱魃《かんばつ》が一件（同〇・七％）、雷害が一件（同〇・七％）となっていた。これを時代別にみると、全一五〇件のうち、

一七二一～一七四〇年（享保六～元文五）の二〇年間が二三件
一七八一～一八〇〇年（天明元～寛政十二）の二〇年間が二四件
一八三一～一八五〇年（天保二～嘉永三）の二〇年間が二二件

となっており、この三期に集中して多かった。まさに、異常気象がもたらした江戸時代の享保・天明・天保の三大飢饉の時期とかさなっているのである。さらに流行病ついてみると、

表3-3　別子銅山の災害件数

年次	風水害	火災	流行病	海難	雪害	地震	旱魃	雷害	合計	比率(%)
1691～1700	3	2							5	3.3
1701～1710	9					1			10	6.7
1711～1720	3	2			1				6	4.0
1721～1730	9		1						10	6.7
1731～1740	8	3	1					1	13	8.7
1741～1750	3	1	1						5	3.3
1751～1760	3	1		1					5	3.3
1761～1770	2		2		1				5	3.3
1771～1780	4	1	3						8	5.3
1781～1790	9		9		1				19	12.7
1791～1800	2	1	1	1					5	3.3
1801～1810	3	1		1			1		6	4.0
1811～1820	4	3		1					8	5.3
1821～1830	6	2		1					9	6.0
1831～1840	5	4	1	1					11	7.3
1841～1850	7	2		2					11	7.3
1851～1860	3	3		1		2			9	6.0
1861～1868		3	2						5	3.3
合計	83	29	21	9	3	3	1	1	150	100.0
比率(%)	55.3	19.3	14.0	6.0	2.0	2.0	0.7	0.7	100.0	

天明期に九件と集中しており、全国の飢饉が疫病をもたらして蔓延し、銅山にも伝染したことがわかる。

災害の発生時期と原因

つぎに災害の起きる時期について、原史料の陰暦を太陽暦になおしてみると、風水害は全八三件のうち、夏季の七月から九月に六三件と集中していた。まさに風水害は、梅雨末期と台風の発生時期にかさなり、豪雨と暴風雨が原因だったといえよう。

火災は全二九件のうち、冬季の十二月から二月に一二件、春期の三月から五月に八件、夏季の六月から八月に四件、秋季の九月から十一月に五件となっていた。火災は暖房の必要な冬季と、乾燥期の春季に集中していたといえよう。

流行病は全二一件のうち夏季の六月から九月に多く発生しており、傷寒《しょうかん》（腸チフスの類）が五件、痢疾《りしつ》（赤痢の類）が三件、腹痛病・麻疹・風邪・疫病が各一件の合計一二件であった。夏季は衛生面の問題から、飲み水を介して伝染病が蔓延したことがわかる。

海難事故は全九件のうち、夏季の六月から八月に二件、秋季の九月から十一月に二件、冬季の十二月から二月に四件、春季の三月に一件となっていた。いずれも強風雨が主たる原因であり、夏季から秋季にかけては台風、冬季・春季は突風波浪による破船座礁《はせんざしょう》であった。

雪害は全三件のうち、十一月に一件、二月に二件発生している。別子銅山は海抜約一二九四メートルの高地にあるため、冬の訪れは早く十一月には積雪があり、大雪によって新居浜との運搬路がたたれたり、吹所の製錬に支障をきたしたりした。一七一五年三月十一日の大雪では、春先の雪崩により別子の歓東坑上部の積雪が一挙に崩れおち、採鉱施設に甚大な損害をだしている。その後、一七六六年二月には、四日間降り続いた大雪により、物資輸送はもちろん、人家の出入りも困難となり、操業停止に追い込まれた。

地震は季節に関係なく不意におそわれるもので、宝永と安政の大地震における坑内の落盤・涌水被害が報告されている。以下、別子銅山の経営にとくに甚大な被害を与えた災害についてふりかえってみよう。

元禄別子大火災への対処

一六九四年四月二十五日の元禄大火災は、開坑三年目の真新しい鉱山町をほとんどすべて焼きつくし、銅山役人河野又兵衛《こうのまたべえ》と別子銅山支配人杉本助七など一三二人の尊い人命を奪った。江戸時代の災害のなかで、もっとも悲惨なできごとであり、損害額は銀一六一貫四〇〇目（金二六九〇両）におよんでいた。

焼失届けによると、「火元は焼竈であり、出火当日は風が激しく、そのうえ五、六日前から日照りがつづいていたので、巳の中刻（午前一〇時）に出火し、それから瞬時に飛び火して大火となり、未の下刻（午後二時半）まで焼きつくした」と記している。一説によると、立川銅山のものが延焼防止のため、向かい火をはなったので被害が大きくなったといわれているが、これは大坂本店が、うわさ話として大坂町奉行所に届けた書類に記したものに過ぎない。

その後の検視報告によると、「四月二十五日夜明け方に沢下から出火し、おびただしき大火となり、山中逃げ場がなく、このとき支配人杉本助七と次役の茂右衛門・善右衛門・宇右衛門は銅山峰へ逃げのぼったが、逃げ道がなく四人一緒に焼死した。また銅山役人・下財（稼人）一二三人（一三二人の誤り）も焼死した」と記している。杉本助七ほか手代の検死が、生き残った銅山役人と別子銅山の手代によっておこなわれ、外傷もなく焼死に相違ないと判断された。検死にあたった手代は、天災による不慮の事故であり、だれも恨むことができないと苦渋の思いを記している。

生き残った手代平七は、発生当日に大坂本家へ急行し、ようやく五月一日朝に到着した。

ただちに当主友芳に火災の惨状を報告したところ、友芳はたいへん驚き悲しみ、筆頭手代田向重右衛門ほか子息や一家のものを呼び集めて評議に入った。その結果、会計担当で世帯方《せたいかた》一式をとりしきっていた手代七兵衛に第一陣の緊急派遣が命じられた。

五月五日、七兵衛は馬荷で復旧支援の金銀をたずさえ陸路で備前湊へむかい、そこから瀬戸内海をわたり天満浦へ到着したのは十二日であった。その後、第二陣に現地の事情に明るい田向重右衛門と平七を出発させたが、彼らは相談して当面必要な生活物資、とくに飯米・塩・味噌・香の物などにいたるまで差しむけるよう指示した。

五月中旬までに救援隊が別子銅山に到着し、その復興に取りかかった。遺骸はそれぞれ手分けして葬られ、杉本助七ほか手代三人は田向重右衛門によって沢下に埋葬された。その後に諸施設が再建され、御番所四軒、勘場・銅蔵・米雑物蔵《こめざつもつぐら》・大工蔵がそれぞれ一軒、床屋一九軒、焼竈四〇〇枚、炭蔵一一か所、鋪方・砕女《かなめ》小屋がそれぞれ一二軒となった。ただし、勘場はもとの位置ではなく、明治時代までつづく銅山川右岸の見花谷《けんかだに》・両見谷《りょうけんだに》のあいだに築かれた。このように住友家は、別子銅山の危機に一丸となって組織的にあたり、悲しみをこらえながら産銅事業を継続したのである。

その後も別子銅山の火災は、四季をつうじて発生しており、発生件数二七件の火元は稼人小屋が一六件ともっとも多く、ついで炭蔵が五件、鍛冶小屋が二件、焼竈・真吹床・雑物蔵・材木蔵がそれぞれ一件となっていた。火を取り扱う作業現場よりも日常生活の火の不始末がその主たる原因であり、春先から初夏のフェーン現象はその被害をさらに大きくしたものといえよう。

風雨とのたたかい

元禄大火災の翌年七月二十一日、別子銅山は風水害にみまわれた。当時の記録によると、「夜通しの豪雨によって、谷水が大増水し、峰からの水が押しよせ山肌が崩落し、その直撃をうけた稼人小屋の住人六人が犠牲者となった」と記している。深夜の寝込みをおそわれ、谷水に家もろともまっ暗やみの激流に流されたのである。その後、一七四三年八月と翌年八月の風水害では、「銅山において死失人・けが人があり、届けを提出するほど大破したので、修復の大普請に取りかかり、次の年の夏までに完成した。ところがこの年八月の大風水害により、ふたたび細工所数十軒、稼人小屋数百軒がことごとく吹きくずれ、坑内・道橋・桟道まででさんざんに損壊し、山稼ぎの諸道具・木炭も山水に押し流された」とある。三年つづきの災害で「銅山滅亡というほどの損失」とも述べている。

一七六九年五月の風水害は、旧暦の梅雨末期にあたっており、大水が製錬設備と坑道に甚大な被害をあたえた。その被害は、吹屋一五軒、焼竈二一枚、炭蔵七か所、下財小屋一五軒、鋪方役所・床鍋炭宿《とこなべすみじゅく》がそれぞれ一軒、運搬路の長さ二六〇間（四六八メートル）、橋七か所などに及び、いずれも破損ないし流失したのである。幕府勘定所へ届けた被害届によると、「製錬所内の吹床へ泥水や砂石が流れこみ、簡単に修理ができないなかで日夜修復に精をだしている。また、長期の雨天つづきで大水が坑内へ流れこみ、大勢で排水に努力しているが、採鉱高は減少している。これらの事態により修復が完了するまで産銅高の減少はやむをえない」と述べている。

翌年の三月、幕府勘定所の支配勘定水谷祖右衛門と普請役の和田清助は、産銅高の減少をおそれ、その実地見分に訪れた。そのさい、銅山由来書をはじめ、修復費用の見積書、産銅コスト計算書や坑外施設と坑内絵図の提出も命じている。幕府は、災害調査をきっかけに別子・立川銅山合併後の実態把握に乗りだしたのである。別子銅山の絵図類は、この年以降整備されたことが残された絵図によって確認される。

風雨とのたたかいは、産銅高の減少に直結し、幕府の長崎貿易に大いに影響を与えた。そのため、住友では修復費用の助成を願いでたが、幕府もまた風水害には注意を払い、調査結果によっては助成金をだすことも惜しまなかった。一八〇四年の大風雨のとき、幕府は金八〇〇〇両の助成金を支給し、復旧資金を利殖運用させることにしたが、これが江戸中橋《なかはし》両替店《りょうがえだな》の開設資金となった。

五　犠牲者の慰霊と諸相

犠牲者はどのように弔われたのか

元禄別子大火災で支配人杉本助七など一三二人が犠牲となったが、その少しあとに山神社（大山積神社《おおやまづみ》）と観音堂がもうけられたという。その場所は、前者が別子全山を見渡す「延《えん》喜端《ぎのはな》」、後者が犠牲者墓地の背後に位置した高台であった。自然への畏敬と犠牲者への鎮魂がその背景にあったのである。その後、一七二四年正月、田向重右衛門は別子を視察する五代当主友昌《ともまさ》に「助七・茂右衛門・善兵衛・宇右衛門の墓所は、今の勘場より沢下に土葬したので、ぜひお参りしてほしい」と述べている。大坂を出立した友昌は、二月八日に別子銅山小足谷の板小屋地蔵堂にて大火災以後の犠牲者をふくめて慰霊し、勘場より沢下の墓所（当時蘭塔場《らんとうば》とよばれていた）まで足を運んで哀悼の意を捧げている。ちなみに、別子山村の字保土野《ほどの》にあった旦那寺の円通寺は、観音堂を分院として宗門人別帳などの作成にあたったと思われる。

一七四三年四月、住友家菩提寺の大坂実相寺《じっそうじ》では、元禄別子大火災で殉職した支配人杉本助七など一三二人の五十回忌がおごそかに執りおこなわれた。あわせて元禄大火災の二年前に、東北地方の最上幸生銅山（山形県寒河江《さがえ》市幸生《さちゅう》）で凍死した四四人、別子銅山の洪水・大雪・海難の遭難者六三人もいっしょに追善供養された。両日とも五代友昌をはじめ、すべての末家・本家の手代が集まり読経して供養した。

別子銅山でも、実相寺と同じ日に小足谷の板小屋（地蔵堂）で法事がもよおされ、命日の二十五日には銅山の観音堂で「四拾八夜別事修行」が執行された。これを記録した「別子銅山殉職者法要留書」によると、元禄別子大火災の殉職者とともに、火災のとき焼死者の遺骸を取り集め世話した田向重右衛門も合わせて供養すると記されている。また、元禄大火災以外で殉職した稼人とその家族の欄には俗名とともに、「金子・小松・新居・宇摩（以上、伊予）、広島、熊野、阿波、讃岐、備中、美濃」など出身地の国・郡・村名が冠され、いずれも戒名が分かるものは併記されている。別子銅山へは、いろいろな地域から稼人とその家族が入りこんでおり、殉職した場合には丁重に供養していたのである。

その後、一七七二年の「諸霊忌日」には、住友家の一族と共に殉職者の年忌が記されている。一八二三年ごろ作成の「古過去《こかこ》帳《ちょう》」には、住友家とその親類一族二二七人、末家・手代とその家族四八四人、稼人五件（一九八人）、下男五人、下女ほか一六人、吹所職人一五人などが記載されている（写真3-4）。殉職者の記載例をみると、「玉礜一的信士《ぎょくよいってきしんじ》、与州《(予)》銅山手代（杉本）助七」、「亡者百廿九人、予州別子銅山火難死」、「最上《もがみ》寒死《かんし》精霊《せいれい》四十四人」、「随流信士水難にて相果申《はいはてもうし》候、与州銅山山廻《やままわり》・常右衛門」、「男女十八人、予州別子弟地村炭焼、二十二日高水にて流死」、「俗名松山殊右衛門、坑内にて石にて打れ死す」、「手代金兵衛、年弐拾五、牧《(枚)》方産、於銅山床屋上手石垣崩所、圧打死」、「予州銅山炭稼《すみかせぎ》風雨之節、流死五人霊」などとある。

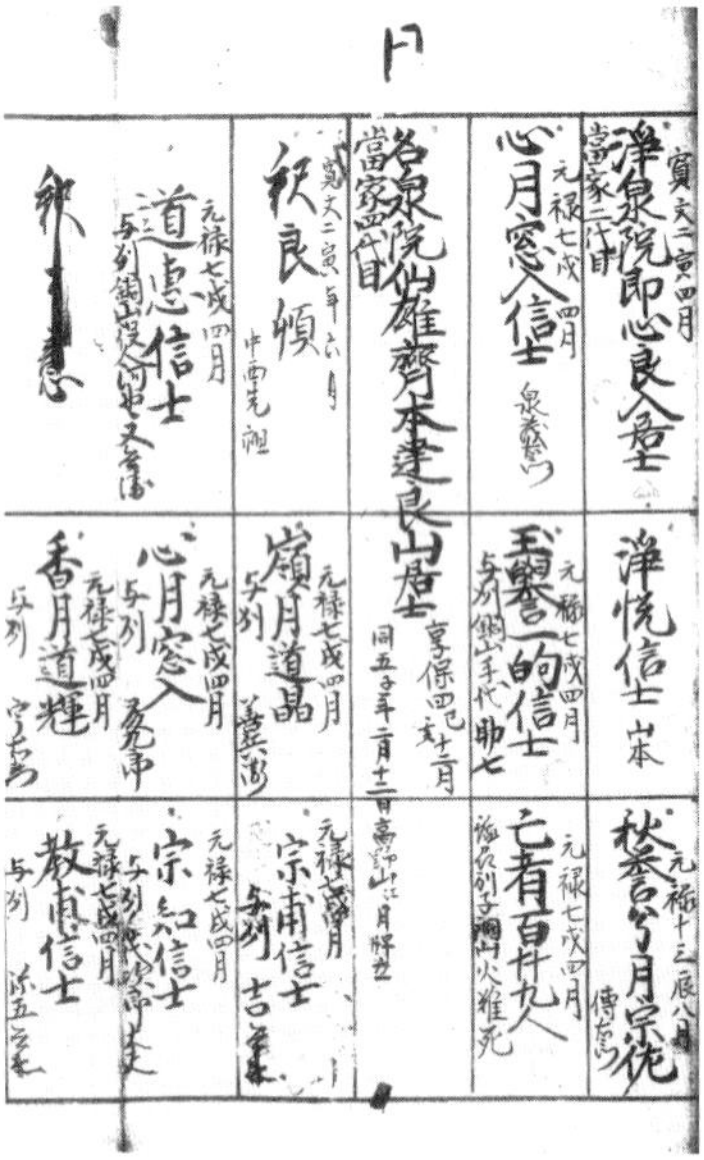

写真 3-4　古過去帳（元禄別子大火災の殉職者）

　このように住友家では、主家と店員・稼人がいっしょに祀られている。後年ではあるが、一八七四年（明治七）に別子銅山を訪れた鉱山技師ラロックは、「別子の住人は節制を守り、不平も言わずに異例のきびしい気候にも、重労働にも、あらゆる種類の窮乏にも耐え、従順できびしい仕事でもめったにたじろぐことがない」と記している。住友家ではこうした人びとに酬いるため、不慮の災害などで殉職した場合には、毎年七月のお盆に大坂の実相寺と別子銅山の板小屋地蔵堂において供養し、感謝の祈りがささげられた。

開坑祭でおこなわれたこと

一七九〇年、別子銅山は開坑いらい一〇〇年を迎えた。その記念祭の記録によると、「元禄四年の開坑から不時の出火、坑内のケガなどで横死した者が数多くあるので、山内安全の祈禱、無縁者の供養として、山神社（大山積神社）・稲荷宮・観音堂にて二夜三日の祈禱を致した」とある。銅山両宮の祈禱は、新居浜から一宮《いっく》神社の神主を呼んで執行し、観音堂の護摩《ごま》祈禱は、西条藩領安知生《あんじゅう》村（西条市安知生）の万頃《ばんきょう》寺《じ》住職を呼び、これに銅山旦那寺の円通寺住職が加わり執行された。

同年四月大坂本家においても別子銅山百年賀が祝われた。なお、一七四〇年の五十年賀は、元禄の別子大火災五十年忌が控えていたこともあり、実施されなかったようであるが、以後は五〇年ごとに開催されている。

その後、一八四〇年五月の開坑百五十年祭は、経営難により規模を縮小して大山積神社への御神酒奉納だけですませようと思っていたところ、九代当主友聞《ともひろ》の嫡男友視《ともみ》が別子銅山を視察することになったので、じゅうらいどおり執りおこなうことになった。「友視公御下向《ごげこう》諸日記《しょにっき》」によると、「今日神社ならびに寺参詣、（中略）夕方御帰足の節、蘭塔場故人助七墓へ御参詣の事」とある。当主の大山積神社と寺（観音堂）への参詣、および助七墓所（沢下の蘭塔場）への参拝が重要なこととされた。

祝賀のようすをみると、まず大山積神社では御神酒・白米・掛鯛《かけだい》などを奉納して祈禱を行い、同じように観音堂においても開坑いらいの横死者諸霊の供養をおこなった。これと並行して稼人一三八九人に対して酒肴をふるまった。大坂本店でも、きびしい経営のなかではあったが、十一月八日の鞴《ふいご》祭にあわせて特別に一五〇年永続した「珍敷寿賀《めずらしきじゅが》、家業《かぎょう》冥加《みょうが》」を祈願して、親類縁者や関係社寺への振舞いがなされた。別子銅山永続の祝いが、同時に殉職者への感謝の回向《えこう》となって、五〇年ごとにおこなわれてきたことは注目すべきである。

別子銅山はたんなる金儲けの山ではない。貴い犠牲の上に成りたった偉大な山である。その恵みによって我々の繁栄がある。そう思った瞬間から、別子はたんなる生産の場ではなく信仰の対象となったのであろう。その思いは年月が経つほど強くなり、五〇年ごとの祭典へと昇華したのである。

別子銅山がのこした譜代の家来

住友家では、功労があり苦難を共にした手代の子孫たちを末家として泉屋《いずみや》名跡をつがせたが、なかでも別子銅山発見者の田向重右衛門家と殉職者の杉本助七家は、近代まで伝えられた由緒ある名跡であった。すでに別子銅山開坑後、二、三年のうちに産銅高が一〇〇万斤（六〇〇トン）を越えたので、「友信公は御機嫌にて、十（重）右衛門・助七に家督を下された」と記録にある。住友家では別子銅山のルーツと苦難を語りつぐため、江戸時代をつうじてこの両家に対し、家系が途絶えないよう、養子縁組の世話や家業を斡旋して、たえずその存続に注意を払ってきた。

明治時代になって田向《たむき》家は舶来雑貨商を、杉本家は心斎橋で有名なおもしろい屋「いずかん（泉屋勘七の略）」を経営しており、たまに本店に顔だしするので、住友人からは「タヌキ」「イズカン」の愛称で親しまれていた。ところが、毎年春の彼岸の「家長誕辰《たんしん》の宴会」になると、この両人がたくさんの家の子郎党にまじって、一五代家長友純《ともいと》と同じ上座に着座するのが通例であった。当時新入社員でこれを目撃した川田順（住友常務理事、歌人）は、先輩からことのいきさつを聞き、「現代離れした佳話を聴いたと、うれしく思ったのである」と記している。

住友家では、家長の両脇に田向・杉本両家の子孫を着座させることによって、別子銅山発見の往時を偲び、その名跡を永々と伝えてきた意味をたえず再認識していたと考えられる。彼らはまさに「譜代の家来」たちの筆頭であった。先人への慰霊と感謝の思いが、江戸時代から「祀堂祭《しどうさい》」(物故従業員の慰霊祭)となって今日まで引きつがれることになった。

コラム　蘭塔場

現在、別子銅山の高台に元禄の大火災で亡くなった殉職者をまつる蘭塔場《らんとうば》跡がある（写真3-5）。ほんらい蘭塔とは、台座に卵形の塔身を乗せた墓石のことで、蘭塔場とは墓地のことをさす。この高台の蘭塔場は、はじめから高台にあったわけではない。幕末期、一八四〇年の「別子御銅山絵図」によると、その高台には古観音堂、そのふもとに観音堂と記されている。それ以前は、観音堂とよばれる円通寺分院が置かれた場所であった。

明治維新後の一八七八年に広瀬《ひろせ》宰平《さいへい》は「宰平衆と謀り、乃《すなわ》ち其の碑石を彼の高地の一隅に移し」と記しているので、宰平が現在の高台に移設する以前の蘭塔場は、旧勘場（歓喜・歓東坑の一〇メートル下）の沢下にあった。一九一六年（大正五）の採鉱本部撤退にあたり、蘭塔場の墓石は新居浜の瑞応寺《ずいおうじ》西墓地に移された（写真3-6）。

いっぽう円通寺分院も、明治時代になると円通寺出張所と称して小足谷墓地の板小屋地蔵堂へ、さらに一九二一年に別子山村弟地《おとじ》の南光院境内に移された。現在にいたっても、毎年八月と十月には、蘭塔法会の別子登山と瑞応寺での追弔法会（殉職者慰霊祭）が新居浜の住友各社によりおごそかに続けられている。

写真 3-5　蘭塔場跡

写真 3-6　蘭塔場の墓石（瑞応寺西墓地）

第4章　鉱山都市と積出港市

一　描かれた鉱山

別子銅山の威容

一八四一年秋、大坂の住友家に別子銅山の双幅画《そうふくが》が一人の絵師によって届けられた。縦一二〇センチを越える縦長の画面には、高地に位置する銅山へ通じる道が、南東・北西それぞれの方向から鳥瞰図として描かれている。これが床の間に掲げられたとき、険しい山中で操業する別子銅山の姿が、従来にないリアリティーをもって認識されただろう（写真4-1・2）。

というのは、この「別子銅山図」は、単なる風景画や鉱山の諸施設を示す平面的な絵図ではない。山の高さを強調するような長大な画面に、木々や岩肌や水の流れや家屋を風景とし

写真 4-2　別子銅山図(北面)

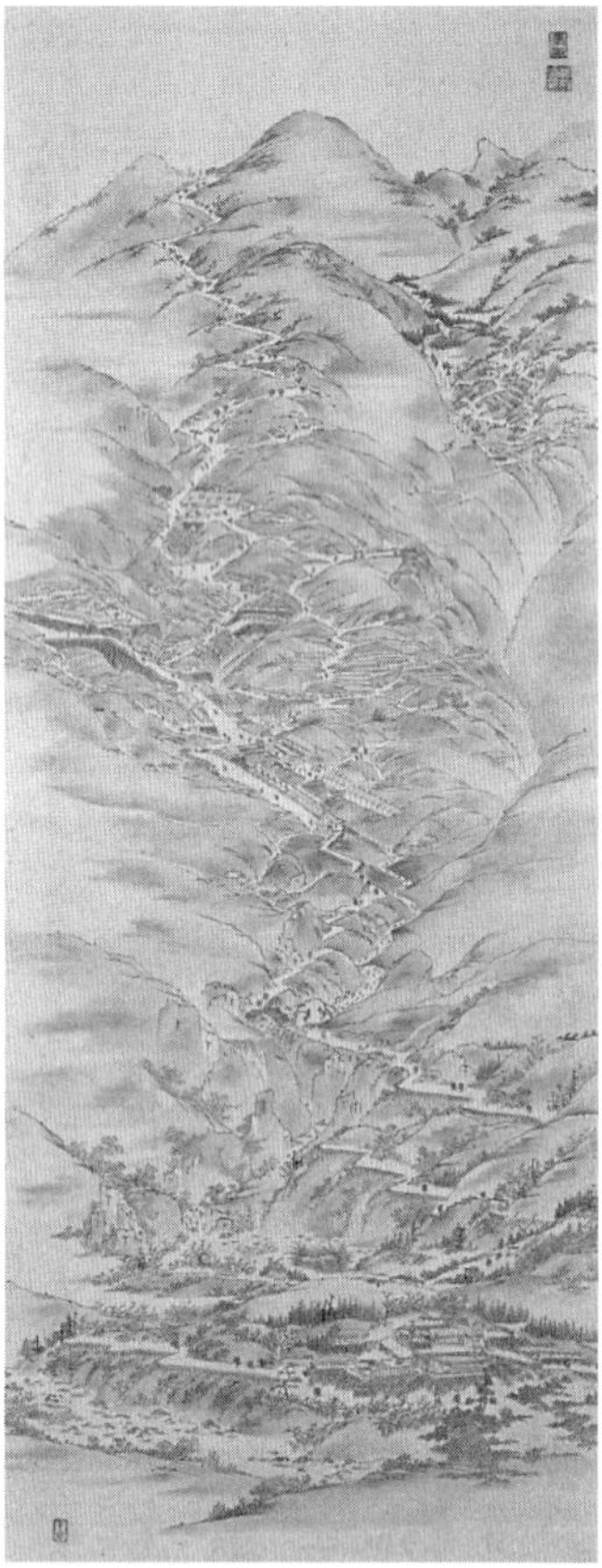

写真 4-1　別子銅山図(南面)

て取り入れながら、住友の関係施設を大きく堅固に描き、その間を行き来して物資を運搬する馬や多くの人々を動きある姿で写し取っている。別子の山を中心にして、北面を描く一幅に中継地である立川中宿と銅の積出港である新居浜を、南面に銅山の中核部と炭の中継基地である弟地《おとじ》の炭宿《すみしゅく》をバランス良く配置した構図は、その後別子銅山を描く際の定番となった。こうした描写の妙と、別子銅山を麓から銅山にいたる一つの経営体として描いたところに、この双幅画の視点のあたらしさがある。

絵師桂谷文暮

双幅画を描いた絵師桂谷文暮《かつらだにぶんぼ》（墨凝《ぼくち》・墨痴《ぼくち》）は、この時期別子銅山を描いた作品を少なからずのこしている。銅山の中心部を俯瞰した「別子山内図」、作業工程や生活の様子を描いた「別子銅山図屏風」「別子銅山絵巻」（下絵）など、広角から望遠まで視角は自在である。

彼は江戸で活躍したあと、その技量を認められ、絵師として住友に雇われ別子銅山に来てこれらの絵図を描いた。その後、住友への奉公願いが認められて、名を文作と改め、御林《おはやし》絵図方《えずかた》の手代となった。御林とは幕府や藩の所有林のことで、住友は製炭や製材の場として幕府や土佐藩・今治藩など周辺諸藩の御林を期限付きで借り受け、別子銅山で使用する燃料や材木をまかなっていた。御林絵図方は、林地の境界争いなどに備えて、請け負う御林の範囲を定めた絵図を作成・管理する部署であった。彼はこうした山林図を収録した「伊予別子銅山絵図巻」も模写している。この「図巻」によって、経営体としての別子銅山が、周辺の山々を炭や材木の集荷圏として取り込みながら、双幅画の外部にも広がっていたことを示してくれる。

絵図に見える開発の足跡

文幕の描く絵図は一八四〇年代のものであるが、そこには別子銅山を長年にわたり開発してきた歴史が反映されている。江戸時代の正式名称を「別子立川両銅山」と言い、もともと出自を異にする別子・立川の二つの銅山は、一七六二年に泉屋吉左衛門名義での単独経営が実現していた。立川銅山を併合することで、採鉱高の減少に悩んでいた両銅山の再生を規模のメリットと効率化でなしとげたのである。

ところで、鉱山は一時的な繁栄と衰退に終わったものと見なされがちである。鉱山の経営者を意味する山師《やまし》という言葉にも、投機的な雰囲気がまとわりついている。たしかに戦国期から江戸時代初期にかけて劇的盛衰をみた金山・銀山には、そのような側面はあろう。しかし銅は金・銀に比べて経営規模が大きくないと採算はとれず、地道な投資を行い管理しなければ長期間維持できない。別子は、開坑からすでに一五〇年を経て、多数の労働者を抱え、地域経済のなかにしっかり根を下ろしていた。一攫千金を夢見るのではなく、銅山の設備や地域に対し住友は着実に投資をおこない開発を進めてきたといえる。

目を凝らせばその様子は双幅画にも表れている。浜から山麓にむかってまっすぐに延びる運搬道、急斜面に掛かる支えのある細い山道、雪深い季節に目印となる九十九折《つづらお》りの道に立つ高い柱など、自然にとけ込みながらも人工的な工作物が多数描かれている。後背地としての山林も人工的に管理された林地だった。そして何よりも、荷物を背負いながら山へと向かう多くの人々の姿は、この鉱山が多数の人々の労働によって維持され、銅を産出し、彼らの生活を支えていたことを示している。これは立派に都市と呼んでよいだろう。

絵師が表現しようとしたのも、こうした険しい山岳地帯を開発し都市を作り上げた人間の営為への感嘆と信頼であったに違いない。壮大な別子の山と格闘してきた住友の先人たちの営みを、絵図を手がかりにたどってみよう。

二　山中の都市

鉱山都市の景観

桂谷文暮の「別子山内図」は、銅山の中心部を南東から西北方向に俯瞰して、諸施設を一望できる絵図である（写真4-3）。これを一つの都市ととらえ、その特色を、住民構成や銅生産のあり方、貨幣経済下の生活、さらには時間意識といった側面から見ていこう。

図の中央、全体を見渡す位置には鉱山の神を祀る大山積《おおやまづみ》神社を配し、その左手に採鉱を管轄する大きな鋪方《しきかた》の建物がある。銅山全体の統轄本部である勘場《かんば》は左端に描かれ、右下には川沿いに柵で囲まれた吹方《ふきかた》（製錬所）の建物群が描かれている。これら三つがこの町の主要な施設である。

山内の主な道沿いには、数か所の夜灯が設けられ、鯨油《げいゆ》を灯火に用いていた。採鉱部門では昼夜の別なく排水作業をおこなう必要があったから、人員は時間で交代し、当然賃金も時間で計られた。製錬においても一日の工程が決まっていたから、冬季は朝晩の暗い時間帯にも操業した。こうした人々の夜間の通行のために夜灯は必要とされたのであろう。山中にありながら、鉱山は農業と違って物理的な時間を基準に動く世界となっていた。都市的な時間

至立川中宿
新居浜口屋
銅山越
峯地蔵
番所
鋪方役所
下金場
長小屋
土鉑捨場
下財小屋
風呂屋谷
日出度町
中持本道
下財小屋
制札場
医家
勘場
表門
六家御役宅
銅蔵
六家御役宅
六家御役宅
円通寺
六家御役宅
六家御役宅
裏門
木方
六家御役宅
焼竈
焼竈
焼竈
焼竈
大山積神社
東延
焼竈
焼竈
炭蔵
炭蔵
裏門
焼竈
吹方(銅改)役所
吹所表門
炭蔵
鍛冶小屋
真吹小屋
鉑吹小屋
鉑吹小屋
炭改役所
両見谷
下財小屋
至別子山村弟地
小炭蔵
真吹小屋
炭蔵
炭蔵
見花谷
下財小屋
写真 4-3　別子山内図

感覚が生産の場に浸透していた。

勘場のすぐ下には医者や山廻《やままわり》役人の役宅、そこから続く比較的低い土地には、寺（円通寺）や堂舎（龍王堂・地蔵堂）、当時六人いた銅山役人の役宅があった。山廻役人は御林内の盗伐監視のため、銅山役人は鉱山の治安維持や生産を監督するため、幕府が駐在させていた下級役人である。

銅山越えの峠道を経て立川中宿へ続く中持本道が、川を渡って勘場下の道と交差する所に屋根付きの高札場《こうさつ》が設けられている。このあたりが町の中心である。ここには幕府代官（のちには松山藩預り所奉行）の名前で治安について定めた銅山制札とキリシタン禁制、さらに放火や火事場の取締を定めた高札が掲げられていた。銅山制札には、この山に集まる者について宗門改めを行うこと、転出者も記録しておくこと、との箇条もある。キリシタンは当時の日本の国禁であり、厳しく取締が行われた。

高札は多数の人々が往来・居住する場に対して公布される法令であり、別子銅山がそのような都市的な場として存在したことを示している。幕府が凶悪犯を全国に指名手配したお尋ね触もこの町に伝達され、不穏な者が紛れ込まないよう治安の維持がはかられた。キリシタン禁制などにみられるように、銅山は決して隔絶した別世界ではなく、近世国家の法の下に組み込まれた社会であった。

労働者の住宅は、川の右岸に沿った東南から西北方向にかけての斜面に、茅葺《かやぶ》きの小家が合計三三〇軒あまり建てられていた。両見谷・見花谷、目出度町《めったた》・風呂屋谷・尾崎・長小家《ながこや》と続く地名を見ると、谷ごとに集落が形成されていたことがわかる。だが都市とはいえ、この町には自由に人々が出入りできたわけではない。山に三方を囲まれた町は地形のうえで隔絶していただけでなく、峠には峯地蔵のそばに番所があり、入る者は制限された。ここには、寄付を募る諸勧進の者が入山するのを禁止する制札が掲げられていた。いっぽう鋪場の裏手や吹方から東へ続く川沿いの道には裏門があって、往来が監視され、この町全体が関係者以外の立入を拒むような空間であった。

住友の店員たち

別子銅山で働く人々は、大きく山師家内と稼人《かせぎにん》の身分に分かれる。山師家内とは住友の店員であり、鋪場・鋪方・吹方などの部署にあって銅山の管理運営業務に従事した。内部には手代と若年の見習いである前髪《まえがみ》・子供、さらに現地雇いの仲間《ちゅうげん》・小者《こもの》の階層があった。手代の職制は、銅山の統括者である支配人を筆頭に、部署ごとの責任者である元締、それに次ぐ役頭《やくとう》を管理職として、それ以下の平手代《ひらてだい》が各部署で帳場・勘定・荷方などの役務についた。仲間は炭・土・灰の計量や飯炊き・宰領《さいりょう》（運搬の指揮）に従事し、小者は火番《ひのばん》などさまざまな番人として働いた。

山師家内の人数は全体で一二〇人前後、このうち手代が五〇人ほどである。いずれも鉱山以外の、立川中宿・新居浜口屋や弟地炭宿などの勤務者を含む数であるが、手代の場合、別子山内の三部署（勘場・鋪方・吹方）にはその七割程度が詰めていた。

住友の店員は、ふつう一〇代前半に来山して子供として働きはじめ、前髪から手代となって多くの部署・職務を経験しながら昇進していく。別子銅山の手代宛に出された住友の家法には、銅山は住友の家業の根本であり、手代は専門家として習熟しなければならないから、異動によって経験を積ませ教育していくことを方針として謳っている。元締や支配人にまで上り詰める者は、こうしたなかで鍛錬された熟達者であった。

その一人今沢卯兵衛《いまざわうへえ》（幼名卯之松）の経歴を表4-1に示した。一七九一年に一二歳で住友家に奉公してこの地に赴任し、一八歳で元服・改名、二～三年の間隔で異動を繰り返しながら昇進を重ね、四三歳で支配役に上り詰めた。この間、およそ一〇年勤めるごとに中登《なかのぼり》という長期休暇が与えられ、臨時給を得て大坂や故郷に帰ることがゆるされた。卯兵衛も

表 4-1　今沢卯兵衛の経歴(1791〜1831年)

年齢	部署、役職など	遣い銀	麁物料
12	改名卯之松出勤、別子銅山下向	32	54
14	立川中宿・札場	32	54
16	半元服、立川中宿・通付	52	54
17	銅山・酒場役	52	55
18	元服(改名卯兵衛)、中番・炭方帳庭加勢、立川中宿・帳場加勢	119	65
19	余慶・炭方帳場、鋪方・帳場	119	73
20	(中登)	120	73
22	木方・帳場、出店役	255	73
25	余慶・炭方貸方役	390	73
27	立川中宿・銀子方	450	73
29	新居浜・銀子方	540	73
30	(中登)	570	73
31	新居浜・帳元役	630	73
34	貸方・役頭	690	73
36	立川中宿・役頭	840	73
38	(中登)、元締格式	945	73
39	元締本役、銅山・勘庭詰	1,200	73
43	新居浜・役頭、銅山・支配役	2,700	73
49	(中登)	3,600	73
52	退任、帰坂	3,600	43

注：麁物料は毎年２季支給される着物・帯・履物代。遣い銀等の単位は匁。

二〇歳で初めて中登を果たし、以後三度の中登を経験し、五二歳で退任した。支配役ともなれば遣い銀は初出勤の一二〇倍、手代初任時の三〇倍にものぼる。こうした熟練の支配役が、鉱山という企業体を経営するとともに、この都市を実質的に差配していた。

鉱山の職人と人口

稼人とは下財とも呼ばれた労働者の総称で、さまざまな職種があった。採鉱部門では、採鉱や坑内普請に従事した掘子《ほりこ》（掘大工）、鉱石の運搬などを手伝う得歩引《えぶひき》、坑内の排水作業を行う水引《みずひき》、鉱石の選鉱をした砕女《かなめ》、鉱石を焼竈《やきがま》や吹所へ運搬した鉑持《はくもち》（鏈持《くさりもち》）がいた。製錬関係では銅吹大工とそれを手伝う手子《てご》がいた。鉄道具の製作・修理を行う鍛冶、山内の道橋の普請などを行う日用《ひよう》もいた。さらに燃料や材木を調達するための稼人も数多い。焼竈用の薪（焼木《やきぎ》）を伐採する焼木伐《やきぎきり》、製炭に従事する炭焼と手伝いの手子、鍛冶用の炭を焼く鍛冶炭焼、木材を切り出す木挽《こびき》、そして炭や材木を運ぶ炭山中持《すみやまなかもち》・炭中持が多数いた。立川中持は立川中宿と銅山を往復し、食糧等を運び上げ、銅の荷下ろしをおこなった。砕女や立川中持は女性であった。こうした職人たちは、それぞれ親方に率いられた独立した小集団を形成しており、おそらくその集団ごとに職場に近い小家に居住していたと推測される。

稼人は一八四〇年頃には全体で三二〇〇人ほどを数えたが、中持や一部の日用たちは立川村や別子山村や新居浜付近に住み、山内には居住していない。炭焼たちの多くも、遠近の炭山に食糧を持ち込み長期間滞在して製炭作業を続けた。行商人や立川中持・炭中持などは毎日往来する通いの稼人であり、昼間・夜間の人口には差があった。

職種別集計とは別に、宗門改めの史料によって年次ごとの人口が判明する。ただ現存する書類には支配人以外の個人名はなく、男女別の人数だけが記されている。その数は一八三〇年代で三〇〇〇〜三三〇〇人台、男女比はおよそ二対一である。年代幅を広げ、立川銅山併合後の一八世紀中頃から幕末までをとれば、三〇〇〇〜三八〇〇人台、男女比は二対一から四対一まで幅がある。人数や男女比の変化は、当時の産銅量の推移、涌水発生による水引人足の大量雇用、主に女性の労働であった中持の増減などに影響されたものである。

ただし、宗門改めには別子銅山に籍がある者が登録されたのであって、実際の居住人口とは若干相違する。また稼人の集計とは違って未就労の年少者が含まれており、逆に周辺の村人で通いの稼人は算入されていない。

出生地が判明する年次もあって、男では伊予とくに銅山出身者が約半分、女では九割以上を占め、次いで男女とも安芸（広島県）の出身者が多い。ここでいう銅山には炭宿や中宿など関連施設があった別子山村や立川山村も含まれていたようで、地元出身者ということであろう。また安芸出身者については、一八世紀初めに安芸から炭焼の集団が雇われていた記録があるので、彼らはこうした製炭に従事した者であろう。このほか、一〇〇人余りの大坂出身者がいるが、これは主に山師家内の者である。

全体としてみれば、別子銅山は、一貫して居住人口に占める銅山と周辺の地元出身者が多いのが特徴的で、稼人たちはこの山で何代にもわたって定着し働いていたといえよう。住民構成からみて、ここは一時的な盛衰に終わった町ではなく、定住人口を抱え再生産していた鉱山都市であった。

生産の設備と技術

この町は銅の採掘と製錬に特化した鉱山都市であった。稼人の住居を除けば建物の大部分はこれらの生産設備が占め、建物群は山の傾斜を利用して、工程順に効率的に配置されていた。

鋪方の大きな建家内には歓喜坑・歓東坑の二つの坑口があり、鉱夫が掘り出した鉱石はこの建家内で計量され、住友の店員が買い取った。坑口の脇には浴場があって、鋪方の稼人たちが男女を問わず利用した。鉱石は鉑持たちがもっこで担いで、階下の下金場《したかなば》（選鉱場）へ運び、そこで砕女たちが金槌で叩き割って選鉱した。鋪方の建家と下金場は建物内で上下につながっており、選鉱して出た屑石は下金場の下にある土鉑《どはく》捨場に廃棄された。また鋪方の建家の隣には木蔵があって、坑道普請で使用される坑木が大量に保管されていたとみられる。

選鉱済みの鉱石は焼竈に送られた（写真４-４）。これは鉱石中の硫黄分を亜硫酸ガスとして除去し、銅分を凝集する工程である。大山積神社下の斜面には、長屋状の板葺き屋根をもつ石組みの焼竈が多数あり、その数は一八四〇年頃には二七〇枚であった。鉱石と薪（焼木）を交互に重ね入れ、筵《むしろ》などで蓋をして、竈の腹に空いた嵐孔《あらしぐち》という点火口から火入れをして、約半月ほど焼いたあと、さらに半月ほど冷まして焼鉑（焼鏈）を得た。燃料である焼木は、斜面の上・下二か所にある木場《きば》で正方形に組んで高く積み上げられていた。野拼《のはえ》と呼ばれ、木の乾燥のため積み置かれた。

写真 4-4　焼竈（『鼓銅図録』）

斜面を下った川沿いに吹所（製錬所）の建物群が並んでいた。製錬所は板屋根に煙抜きを備えた特徴ある建物である。全体が木柵で囲われ、表門・裏門の開閉は銅山役人の指示によって厳重に管理され、表門脇には防火用水桶も置いてあった。防火の神として稲荷社も吹所裏に祀られていた。

敷地内には、表門を入ったところに鍛冶用の小炭蔵と大きな銅改《どうあらため》役所（吹方役所）があり、その建家内に木蔵や門番詰所もあり、隣接して鉄道具を製作・修理する鍛冶小家一棟、その奥と川をはさんだ向かい側に真吹小家が一棟ずつ、一番奥に鉑吹小家二、三棟が並んでいた。真吹小家の中に間吹床《まぶきとこ》一〇軒、鉑吹小家には鉑吹床一三軒の炉が設置されていた。

また裏門から進んだ所に炭改役所があり、別子山村弟地の炭宿から毎日炭中持によって銅山まで運び上げられる製錬用の大炭をここで計量した。別子銅山で使用する炭には生産地によって御料炭《ごりょうすみ》と他領炭《たりょうすみ》の区別があり、幕府の山林で製炭された前者については炭運上《すみうんじょう》という税を幕府に納める必要があった。計量した炭は、吹所を取り囲むように配置された一〇カ所あまりの炭蔵に収納された。蔵が吹所の建家からやや距離をおき、相互に離れているのは、火事の際の類焼や風水害による流出を恐れて、少しでも損失をまぬがれるようにとの工夫であろう。

鉱石は、鋪方・下金場から焼竈へ、さらに吹所へと、不純物を除去しながら工程順に運び下ろされた。焼竈から出た焼鉑《やきはく》は、まず吹所の一番奥にある鉑吹小家で鉑吹にかけられ、鈹《かわ》と床尻銅《とこじりどう》となった。床尻銅に比べ低品位の鈹はさらに手前の真吹小家で真吹にかけて純度を上げ、平銅となった。円盤状の床尻銅・平銅は大きさこそ違うが、ともに荒銅《あらどう》と呼ばれた純度九十数％の銅の半製品で、銅山ではこれらを何枚か重ね、紙に包んで縄をかけ荷造りされた。

生産された毎日の出来銅《できどう》は、銅改役所において銅山役人立会のもとで計量され、銅運上と呼ばれた産銅高に応じた税を算定する際の基礎資料となった。計量済みの荒銅は勘場の下にあった銅蔵に入れられ、運び出すまでの間保管された。近傍には銅山役人の役宅が二家あり、立地の上でも厳密な銅の管理が行われたことがわかる。

別子銅は御用銅として海外に輸出される幕府の統制品であり、その原石を採掘し中間製品にまで仕上げる別子銅山は、こうした意味から厳重な管理下にあったといえよう。

たゆみなき開発

「別子山内図」には、本鋪（歓喜坑・歓東坑）から東方の採掘場の開発という時代状況が反映されている。一八四〇年頃にはまだ本鋪が採掘の中心であったが、その東に位置する天満坑や東延坑からの出鉱量が徐々に増加していた。

　天満は古い坑道で一八世紀中ごろにいったん操業を停止していたが、「別子山内図」では天満の建家内に間歩口《まぶぐち》（坑口）があるとわざわざ記しているから、坑内の再開発が進んでいたと見られる。その東側の谷筋に沿う東延地区にも、稼人小家や間歩口・山神宮の記載がある。東延下の斜面には焼竈が多数あって、すでに焼鉱はかなりの規模に達していたようだ。

　だが天満や東延で掘り出された主な鉱石は土鉑と呼ばれ、本鋪で採掘された鉱石よりも質が劣っていて、産銅全体の歩留り《ぶどま》（採鉱量に対する産銅高の比率）の低下に悩まされるようになっていた。一八二〇年代には、製錬時に投入する鉱石の質や量を変えて出来高の変化を実験したり、毎月の採鉱・製錬実績を記す「平均書《へいきんしょ》」という書類において、出鉱量に鉱石の質による内訳を記載するようになった。

　こうしたなかで、焼竈は一八四〇年代から五〇年代にかけて三〇〇枚から四三〇枚へと大幅に数を増し、鉑吹軒数も一三軒から一五軒に増加していた。鉑吹軒数の多寡は、炭消費量と密接に関係してコストを左右する問題であった。貧鉱に対する技術的対処や、コスト意識をもったきめ細かな生産管理が求められる時代になっていた。

三　鉱山の環境と生活

儒者の見た別子銅山

のちに伊予小松藩の藩校養正館《ようせいかん》教授となる儒者近藤篤山《こんどうとくざん》は、数え年一〇歳から二三歳までの多感な時期（一七七五〜八七年）を別子銅山で過ごした。銅山役人の大村氏を嗣いだ父高《たか》橋甚内《はしじんない》にしたがって来山し、のち大坂・江戸に出て寛政の三博士として有名な儒者尾藤二《びとうに》洲《しゅう》に師事し、その後再び銅山の父のもとに帰郷した。

帰山後に別子銅山の思い出や現況を読み込んだ漢詩を作っているが、そこには高地の厳しい自然、鉱山における社会環境の悪さとともに、意外なほどに陽気で豊かな生活を描いている。「銅山の中には無頼の徒が多く、飯のこと、酒のこと、博打、貪婪《たんらん》・淫乱なことなどないものはなかった。先君（父）はその中にあって世俗に染まりみだりに人に合わせることはなかった」と、銅山の治安や風紀の乱れを指摘するいっぽうで、そのなかで厳格に生きた父甚内を讃えている。

篤山の親友で別子を訪れた儒者越智高洲《おちこうしゅう》も「その風俗は姦貪《かんどん》にして凶頑《きょうがん》。盗奪を務めとして、教化の余地もない」と手厳しいが、これも篤山の父を顕彰する文脈のなかで語った部分なので、割り引いて考える必要がある。少なくとも儒者の目には、稼人たちが気の荒い無法者に映ったのであろう。

自然環境も苛酷だった。「足谷《あしたに》銅山」（別子銅山の旧名）と題した詩には、「金属の気は木よりも強く、辺りには一寸の草さえ生えず、周囲見渡せばまず知れる、この山の尋常にあらざるを」と亜硫酸ガスで木々が生えていない様子を描写している。住友の史料でも、銅山近辺の四、五〇町歩程は銅煙の影響で木が生えていないと記述している。

いっぽうで篤山は銅山を仙境にたとえ、鶏や犬の声があちこちで聞こえ、仲の良い男女が心も伸びやかに暮らし、普通の土地のように耕作をせずとも「仙界のごとく玉を食べ」、糸を繰らず布を織らずとも「仙人のごとく錦をしとねとす」と吟じて、高地にありながら銅気で暖かい気候を愛でている。厳しい環境にもかかわらず、外部から必要な物資を運び入れ豊かな生活を享受している別子銅山を仙境にたとえたといえよう。

物資の販売と消費生活

こうした生活を可能にしたのは住友による物資供給であった。労働力を確保し操業を続けるため、食糧を中心におもな生活必需物資を銅山に運び上げ、稼人たちに販売していた。住友が販売したのは、米・白米・味噌・酒・醤油・酢・塩・茶・煙草・大豆・小豆・鯨油・鉄・種油・髪油・縄・筵・薄縁《うすべり》・雨紙《あまがみ》（油紙）・鍋の二〇品目である。坑内で灯火に使用する鯨油や鍛冶が作る道具の材料の鉄は、鉱山の操業に必要なものであったが、稼人の自弁であったので、販売品のなかに入っている。

いっぽう生鮮品や衣料は含まれていないので、これらは商人たちが来山して販売したと思われる。「別子銅山図屏風」にも、鮮魚を売る行商人の姿が描かれている。少し高価な物では、一八五〇年に当地を訪れた大坂の浄瑠璃竹本梶太夫《たけもとかじだゆう》一行が当山自慢の鰻を御馳走になったというから（『染太夫一代記』）、鰻が客人用に飼われていたらしい。

写真4-5　買物風景
（「別子銅山図屏風」）

住友の販売高の大部分を占めたのは、米を中心とする食糧や嗜好品であった。勘場内には売場《うりば》という販売所があって、米・味噌・塩・酒・油を入れる大型の容器が置かれ、ここで販売された。「別子銅山図屏風」にも、売場で米を袋に入れてもらおうとしている男性や、酒を徳利に入れてもらう女性の姿が描かれている（写真4-5）。稼人たちは通帳や貨幣をもってこうした食糧・嗜好品を購入したが、山内の居住者には、帳簿上で労賃との相殺や前貸しがおこなわれた。盆・暮の休み前には、帳簿が締められ、継続して働く稼人には休暇中の小遣いとして労賃の前貸しも実施された。

食糧などの販売価格は、住友が労賃とのバランスで元値を反映させながら決めていたから、価格の変動は小さく抑制されていた。一定の賃金で働く稼人たちにとって生活は安定するし、経営者にすれば労働力を確保することにもつながった。労賃・物価のコントロールは、閉鎖的な鉱山だからこそ可能であった。ここには、多くの生活物資を外部に依存しつつ、稼いだ賃金でそれらを購入して暮らすという都市と同様の賃労働者の生活があった。

労働時間も麓の農村や周りの山村とはおのずから異なっていた。片時も休むことができない排水作業をかかえ、鋪方は二四時間体制で操業していた。こうした時間感覚や貨幣経済に基づく生活は、付近の村に居住しながら鉱山の労働にはげむ中持たちをも巻き込み、都市的な生活様式を周辺の地域にも浸透させていた。

年中行事と祈り

人工的な都市の装置に比べて、精神生活には驚くほど祈りの場面があり、人為を越えた神意に従わざるを得ない当時の人々の姿がうかがわれる。「儀式帳」という史料によって、一八世紀後半における銅山の一年を眺めてみよう。

正月元旦は年頭礼で、二日には大鉑《おおばく》（良質の鉱石を飾った御輿）が勘場に来て祝儀が振舞われた。銅山の繁栄の象徴であった大鉑は当時一三基あったと言い、掘場ごとに仕立てたのであろう。三日には鋪方・吹方の者が出勤し、四日に焼竈の焚込み初め、五日には銅の吹初めが行われて、操業開始となる。十一日には幣切《ぬさきり》が行われ大山積神社へ神酒などが供えられた。三月三日は上巳《じょうし》の節句、九日には山内の金比羅宮の祭礼があり、このころようやく雪が消える。

写真 4-6　住友奉納の灯籠銘
（金刀比羅宮）

四月は初の卯の日に稲荷宮の祭礼があり、吹大工へ赤飯が配られる。中旬には番所の花見があり、銅山役人へ進物が配られた。高山の桜の開花はかなり遅い。下旬には金刀比羅宮（香川県琴平町）へ代参人が派遣される。同社への代参は年末にもおこなわれた。五月五日には端午の節句、十六日に鋪方稼人に酒が振舞われ、若宮祭礼に神酒が贈られた。六月には諸道具の土用干しがあり、十二日に観音堂の大般若経の土用干しがおこなわれた。十三日に祇園祭、十三〜十四日に龍王宮祭、十四〜十五日に東延の山神宮祭が続く。節季・盆に向けての準備もあり、十五日以降には蔵の整備や煤掃《すすはき》、排水路の浚《さら》えがおこなわれた。

七月は七夕、続いて節季・盆の諸行事が催された。盆には、延命地蔵尊などに灯籠が飾りつけられ、生活難の者へ合力米《ごうりきまい》が配られ、山留・竈大工などへ祝儀が与えられ、盆踊りも盛大に挙行された。盆の休暇は十日前後からである。中持の荷上げが十八日に始まり、この頃に休明けとなる。八月一日には八朔の祝儀として、銅山役人に対し大坂本店から音物が届けられる。下旬には京都の愛宕山《あたごさん》大善院の使僧が銅山を訪れ、防火札を授けた。九月九日は重陽の節句で、銅山では山神宮の祭礼と日程が重なるため盛大であった。六日頃から休暇に入り、鏡餅を搗《つ》いて供え、獅子舞・狂言も催され、神輿行列が山内をねり歩いた。

十一月八日は鞴祭《ふいごまつり》である。これは鍛冶屋など火を扱う職人たちの行事で、銅山でも吹方を中心に賑やかに挙行された。前日に赤飯が軒別に配られ、稲荷社への供物、吹方・鋪方へ振舞いの案内がある。八日には恒例の蜜柑まきがおこなわれた。祭が終わる頃には銅山は冬支度に入り、年によっては降雪のため往来が困難になることもあった。十二月になると節季・正月の準備に追われる。銅山役人に対しては寒気見舞い、歳暮の品などが贈られた。十三日に煤払い、二十六日には餅搗があり、この頃までに業務は終了する。大鉑、注連縄《しめなわ》、年徳棚《としとくだな》飾《かざり》など正月準備が二十日過ぎから徐々に進められた。正月の飾り付けはすべて年男が担当することになっていた。

このように、銅山の繁栄と操業の安全を祈るさまざまな行事が、生活の中に織り込まれていた。

銅山の娯楽・医療

先述した大坂浄瑠璃の竹本梶太夫一行は、好奇の目で山上の生活ぶりを記述している（『染太夫一代記』）。そもそも一行は、知人を頼り素性を隠して見学のため入山したが、滞在先の銅山抱えの医師に芸人だと見抜かれ、彼の世話によって最後の夜に鋪方役所をにわか仕立ての舞台として浄瑠璃を上演した。銅山役人に対しては桟敷席が設けられ、聴衆は四〇〇人の大入りであった。ここでは以前、例年九月の山神社の祭礼に能狂言を催していたという。明治期になって立派な集会所兼劇場ができるまで、内部が広い鋪方役所の建物は、こうした数少ない娯楽のための劇場としてしばしば使われた。

梶太夫は、施設や医療にも目を向ける。勘場に大工部屋・作事小屋・髪結床があり、稼人に食糧などを売る売場に質物を取る係もいたという。また医師や鍼師が常駐し、診療所もあった。医者は、稼人から薬代として一カ月銀一分ずつを掛金として集め、これで病気・怪我の無料治療をおこない、医師の給銀は勘場から別に支払われたと記している。

山内は危険と隣り合わせの職場であると同時に、消化器系の伝染病や、麻疹・風邪などがしばしば流行し、都市として公衆衛生上の問題を抱えていた。鉱山において近代の医療制度や社会保険の先がけが見られるのは、こうした世界で山師と稼人たちの共助の経験が生んだ産物であろう。別子における病院の開設は一八八三年（明治十六）であった。

四　物資の供給と後背地

立川中宿の機能

立川中宿は別子銅山と新居浜とのほぼ中間にあって、中宿の名称の通り、物資運搬の中継基地としての役割をになった（写真4-7）。施設は国領《こくりょう》川左岸に立地し、中庭を囲むように母屋や土蔵七カ所があり、別棟の座敷が付属していた。新居浜からの上り道が中宿の建物に入るあたりに高札場があって、運搬に従事する人々を対象に、銅山の荷物を山師の指図どおりに遅滞なく運ぶこと、徒党を組んで妨害することを禁止する旨の高札が掲げられていた。

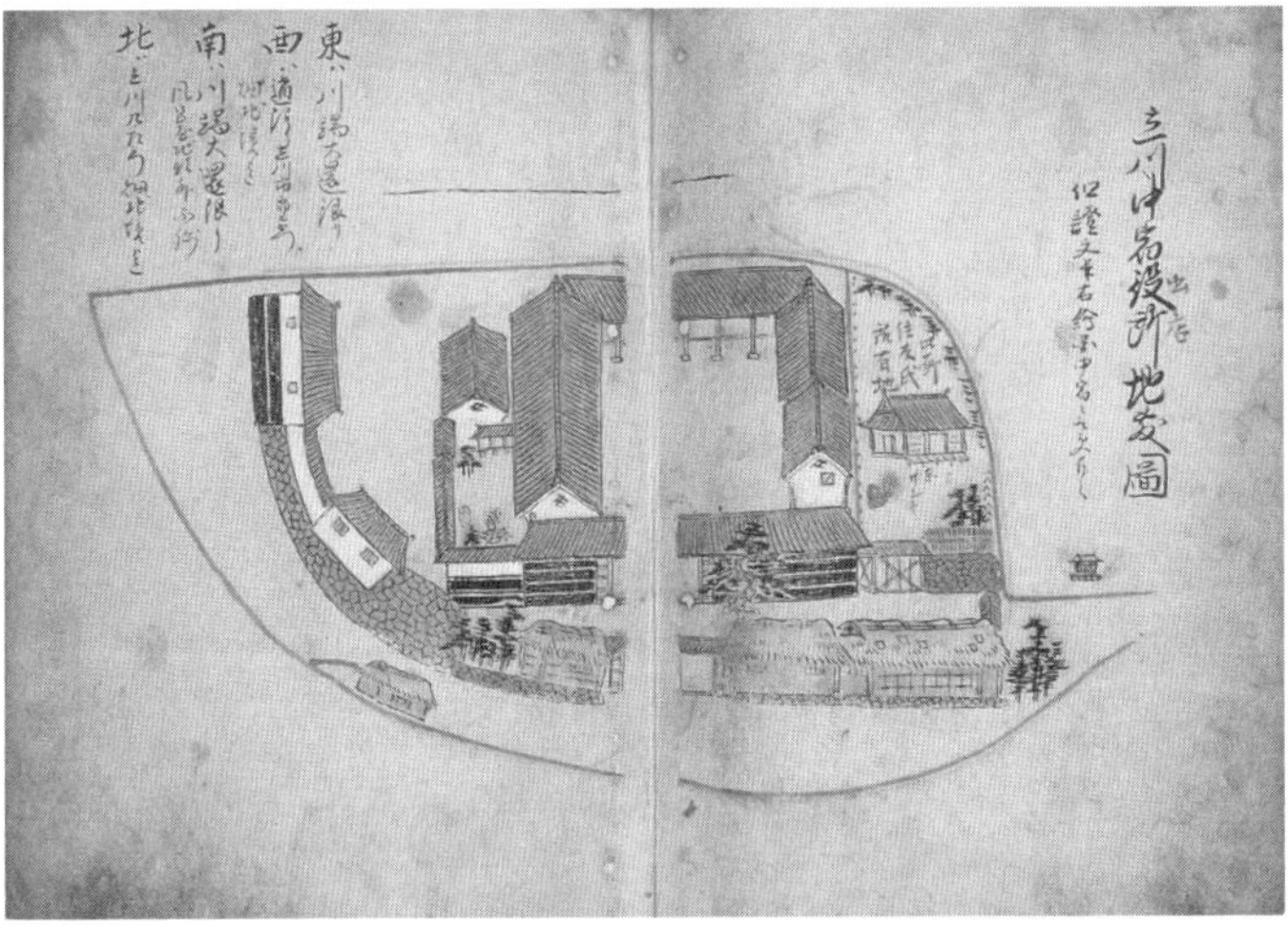

写真 4-7　立川中宿

立川から銅山までは急勾配の山道で、立川中持と呼ばれる稼人が荷物を背負って運んだが、中宿から新居浜までは比較的勾配も緩く、おもに馬による搬送がおこなわれた。上げ荷は飯米を中心とする食糧や鉄が大部分を占め、下げ荷は銅山で製錬された荒銅であった。銅山と新居浜とを結ぶ円滑な物流の維持が中宿の重要な業務であり、責任者である役頭一名の指揮下に、銀役・荷物方・銅蔵役の手代三～五名、仲間・小者数名によって管理・運営された。

運搬に従事した立川中持は三〇〇人以上を数え、女性の重要な稼ぎであった。彼女たちは立川山村在住者で占められたようで、村民の賃稼ぎとして長きにわたって運搬を支え、地域の生業として定着していた。

山林利用の拡大

食糧とともに、銅山の操業を支える重要な物資は木炭や材木であった。別子が開坑したころは、銅山周辺の雑木を、坑道を支える坑木《こうぼく》や焼鉱用の薪（焼木）として採取したり、製錬用の炭として焼くことが幕府から認められた。伐採できるのは雑木に限られ、領主の建築用材となるような檜・樅《もみ》・杉・松などの樹種については、朽木《くちき》・倒木だけを利用することができた。

しかし別子銅山の開発が進むにつれて、利用する林地は拡大した。一八世紀初めに住友が別子銅山の永代請負を認められると、別子山村の幕府所有林全体を使用できるようになり、製炭地域は村内東方に拡大した。また同じころ領地替えによって付近の津根《つねやま》山村・浦山村が幕府領に編入されると、両村の山林が将来に備えて確保され、次いで両村内の折宇《おりう》山・寺野山・峨蔵《がぞう》山でも雑木の伐採が始まった。銅山川沿いに広がるこれらの山々は、最も遠い折宇山で約二〇キロの道のりであった。

その後、立川銅山併合にともなってその付属林の利用が始まり、一八世紀後半には津根山村の鬼ケ城山《おにがしろ》・葛川山《くずかわ》、浦山村の地吉山《じよし》・外之尾山《そとのお》が新たに下げ渡されて、銅山付属の御林は拡大した。こうした山においても何年かごとに地区を変えながら輪伐を行い、ときには伐採跡に植林も手がけることによって、長期的な山林利用が図られた。

だが炭や材木は、別子に近い幕府領の山林からだけでは賄いきれなかった。早くも一七〇九年には土佐炭の買入が始まり、翌年からは別子銅山の炭焼たちが土佐の炭山に入山することになった。土佐は森林資源に恵まれた地域であり、留山《とめやま》という藩有の保護林が、伊予との国境に近い長岡郡・土佐郡に多数点在していた。吉野川上流に位置するこの辺りの山林は、材木を運び出すのに不便な地域であり、そのことがかえって住友には有利にはたらいた。こうした奥地の山林について、土佐藩に運上銀を上納して一定期間伐採の許可を受け、樵《きこり》や炭焼を入山させて製材や製炭をすることが、明治にいたるまで断続的におこなわれた。幕府領の山林の場合と違って、土佐藩との交渉によって、杉・檜・樅・栂《つが》など建築用材となるべき樹種もかなり伐採を認められた。

炭宿の展開

住友が請け負う土佐の山林は、時代が下がるにしたがい確実に遠隔化していった。最も遠い長岡郡の諸山までは、別子銅山から三〇キロ以上の道のりとなる。こうした場合、銅山まで木炭や材木を運搬するために、炭宿と呼ばれた中継基地が何か所か設けられた。施設には、炭を貯蔵保管するための蔵が何棟かあり、手代二～四名が詰めて輸送・保管業務を担当した。

長岡郡の山を請け負った時には、途中の津根山村落合に炭宿が置かれ、さらに銅山までは別子山村弟地の炭宿を経由して、二宿継ぎで運搬された。落合炭宿までは中持（炭山中持）が運び、弟地までの銅山川沿いの道では馬が輸送に用いられ、さらに銅山までは中持（炭中持）の人力によった。請け負う山の方角や距離・道筋に応じて、炭宿の改廃が随時おこなわれた。二宿継ぎ以上となれば、運搬にかかる経費や時間が増すことは避けられなかった。当時これは「遠町」と呼ばれ、経営上の大きな問題であった。

炭宿のうち常設されたのは銅山に近い別子山村の炭宿である。時期によって、床鍋《とこなべ》あるいは弟地に設けられ、いずれも銅山まで約五キロの距離にあった。炭方役所とも呼ばれ、役頭一名を責任者として手代三名ほどが詰めた。土佐の炭山からの経路はほとんどここを経由しており、一二棟の炭蔵を備え、炭の運搬業務と在庫を管理する炭方の統括本部というべき存在であった。

冒頭に掲げた文暮の画にも、弟地の炭宿は堅固な石垣の上に役所の建物と階段状に多数の炭蔵が並び、門前辺りに屋根付きの高札場が描かれている。ここには炭山から中持や馬によって木炭や材木が運び込まれ、炭中持が銅山との間を往復して炭を運び出していた。おもに別子山村の女性と思われる炭中持は一三〇名以上を数え、ここも運搬に携わる多くの人々が往来する都市的な場であった。

五　積出港市新居浜の展開

積出港市の誕生

新居浜は、四国赤石《あかいし》山系に発する国領川の河口西岸の平野部に位置し、北は瀬戸内海の燧灘《ひうちなだ》に面している。江戸時代には西条藩領に属し、領内最大の漁村として栄えた。さらなる発展の画期となったのは、銅山の口屋（入口の事務所）がこの地に開設されてからであった。寛永年間（一六二四〜四四年）開坑と伝えられる立川銅山のそれがいつごろ創設されたかは明らかではないが、一七〇二年に住友が別子銅山の口屋を設置すると、物資の荷揚や銅の積み出しが飛躍的に増大したことは確かである。この年、住友は幕府から別子銅山の永代請負を承認され、新居浜口屋の設置のほかにも、物資運搬路の整備、将来にわたる山林の確保など、長期的な構想にもとづく経営環境を築き始めた。

新居浜は漁村から銅山の外港へと変貌し、物資の供給や銅の積出しを担うようになった。銅は当時最大の輸出品であったが、ここから直接輸出されたわけではない。いわゆる「鎖国」と呼ばれる幕府の外交政策によって貿易は長崎などに限定されており、また銅の精錬は住友をはじめとする大坂の銅吹屋仲間が独占したから、各地の銅山は中間製品である荒銅を大坂へ移出し、大坂で精錬されてできた製品が長崎から輸出される体制となっていた。見方を変えれば、こうした近世の流通構造に規定されて、新居浜は荒銅の国内向け積出港の地位に甘んじなければならなかったといえよう。

東南アジア史研究から出てきた貿易拠点港を意味する港市という言葉がある。港市には貿易港としての独立性、内陸と結ぶ沿岸の交易拠点、異文化が接触する地といった特徴が指摘されている。重要な交易品である銅流通の拠点新居浜は、こうした港市となる可能性を秘めていたのではないか。新居浜を新たな視角から考えてみたい。

新居浜の港と景観

文幕の双幅画には、新居浜口屋の岸壁付近の浅瀬に中規模の船が停泊している様子が描かれている。まだあたりは漁村の雰囲気を残している。この画と同じころ成った『西条誌』

写真 4-8　新居浜口屋付近のにぎわい(『西条誌』)

(一八四二年)によれば、新居浜の家数は六〇五軒、人数二九八六人、船数二四艘・漁船八〇余艘と記録し、口屋を中心に町場化した様子を描いている(写真4-8)。

口屋の建物は、浜役所と称する事務棟に母屋と数棟の蔵が棟続きになり、中庭の周りを囲う構造であった。設置当初は新居浜浦六左衛門の家屋敷を借り受けて営業を始めたが、蔵を含む建家は小規模なものであり、のちに建て増されて絵のような構造になったと推測される。ここには、銅山支配人に次ぐ地位の元締を筆頭に、銀役・荷物方の手代と帳面方・買物方の仲間が詰め、銅山の必需物資の購入・保管、為替送金業務、新居浜―立川間の馬荷輸送や大坂向け荒銅の船積みなどの業務をおこなった。

実際の荷揚げや積み下ろしは、銅山出入りの米問屋藤屋七左衛門・金子屋正右衛門らが人足を指揮しておこなったと思われる。新居浜浦は西条藩領に属したので、河口港の利用税である浜手運上《はまてうんじょう》・川口運上《かわぐち》として、別子銅山から金五〇両、立川銅山から銀五〇枚を藩に上納した。港は国領川河口付近に位置したため砂に埋まりやすく、住友も西条藩に出願してしばしば浚渫をおこなったが、小規模な工事では根本的な解決にはいたらなかった。

この地で住友は専属の船を雇い、別子産荒銅の大坂への運搬と米などの輸送に用いた。双幅画が描かれたころには、一七〇～二〇〇石積みの銅船四艘と、四〇～七〇石積みで近海を迅速に往来する飛船《ひせん》四艘が就航していた。銅船は、新居浜から大坂まで御用荒銅を運ぶ時には、幕府にゆるされて日の丸の船印を掲げて航行した。

口屋の役割

新居浜口屋の中庭にも高札が掲げられていた。別子銅山の荷物は船持・馬持とも山師の指図どおりに遅滞なく運ぶこと、中持人足や馬持やその他の稼人が徒党を組んで山師の業務に支障を与えることの禁止、以下、博打禁止や火の用心、稼人の喧嘩口論禁止などを定めていた。馬荷は馬方の仲間が取り仕切っており、彼らを統制する内容であった。治安警察的な条項を示しつつ、荷物の運搬を円滑におこなうことを求めていた。

口屋は、銅山への来客や街道を往来する松山藩の役人たちの接待施設としての役割も持っていた。口屋の記録「諸用記《しょようき》」には、銅山を検分する幕府の役人はもちろん、毎年秋に宇摩郡幕府領の作柄を視察する松山藩役人や巡検時の郡奉行に対する接待記録がみられる。住友家の主人も何度か松山藩主への挨拶を兼ねて銅山を見分しており、その際にはここに宿泊して各所に出かけている。

毎年秋から冬にかけては、寺社の使僧や伊勢御師《おし》の手代などの来訪があった。京都愛宕大善院・船木村神宮寺・高野山龍王院・慈明寺・鞍馬山・宇摩郡薬師院・秋葉権現は恒例で、それぞれ初穂料を納め、御札などの配布を受けた。地元の寺社ばかりでなく、大坂の住友家との関係が深い近畿地方の寺社も多い。このうち伊勢御師や愛宕大善院は、集めた初穂料などを口屋で上方宛の為替にして送金していた。

口屋の建物は堅固な蔵で周りを囲まれ、その構造からは、港市の岸壁に立つ商館・隊商宿といった印象を覚える。口屋は接待館としての機能を持ち、内陸部の銅山と結ぶ交易事務所であったが、同時に大坂との交流の窓口であった。銅山・新居浜の主な手代たちが狂歌や俳句の社中の一翼を形成し、大坂をはじめ東予の同好の士と句集を出版していたことがわかっている。

たとえば、狂歌の人名録『狂歌道の栞《しおり》』（一八一一年刊）には、当時の別子銅山支配人鈴《すず》江伊右衛門《えいえもん》以下、役頭ら七名の名前があがっている。また東予の俳壇は京阪とのつながりがあったと言い、句集に「銅山」の肩書を記す人たちは、住友の店員たちであったと推測される。激動する幕末の政治・経済の情報や大坂の文化も、ここを窓口としてもたらされたのである。

住友は口屋を浜役所とも呼んだ。『西条誌』の編者は、こうした「役所」の名称を権威がましいとして批判的に扱っている。だが住友にとって、役所の名称を使用したことは、みずからが単なる鉱山経営者ではなく、公的な役割を担っているという自負を内外に示す意図をもっていたと思われる。口屋内に掲げられた高札や日の丸の船印も幕府御用を請け負う権威の象徴であった。多くの店員や労働者をかかえ、彼らを統率しみずからの事業を律していくためのものであった。

買請米と物資の集散

別子銅山で働く稼人に対し、生活必需物資が安定価格で販売されたことは先述した。販売品は、米・味噌・酒・醬油といった食糧品を中心とする二〇品目で、なかでも米が売上・利益の七割以上を占めた。このうち味噌・酒・醬油については、大坂でそれぞれの家業を営む住友の別家から仕入れ、代価は新居浜口屋で送金為替にして大坂で支払うやり方が取られた。道具の素材となる中国地方の鉄は尾道などから供給された。新居浜はこうした物資が集まる流通拠点であり、その円滑なる供給が銅山経営の鍵を握っていた。

なかでも飯米の確保は、労働力を維持するため重大な問題であった。幕府が銅山振興策を諮問した際に住友は年貢米の払い下げを出願し、一七〇二年に毎年六〇〇〇石の払い下げが認可されて、買請米制が始まった。当初の条件をみると、価格は一石当たり銀五〇匁という破格の安値で（当時の年貢銀納値段は同九〇匁）、支払いは一〇カ月の延べ払い、しかも運賃も幕府が負担するという厚遇であった。隣の立川銅山についても、同様の制度が一七〇五年分から始まった。

当初一〇年間の期限付きで始まった制度は順次延長され、買請高の変更や価格の引き上げ、さらに運賃が住友の負担となるなど随時条件の見直しがおこなわれた。立川銅山併合後は両山合わせて八三〇〇石の定高となって、幕末期にいたるまでこの高が維持された。住友にとって価格面での利点は次第に失われたが、飯米必要量の七割近くを延べ払いで入手できる買請米制は、有利な制度であり続けた。

買請米の米高は、伊予の幕府領だけではまかないきれなかったため、中国・四国地方の幕府領に割り当てられて、各地の港から船で運ばれ新居浜口屋に水揚げされた。だが遠方の年貢米については、銀納され、新居浜で米を買って納めるやり方もとられた。ほかに高い米を安い米に買い替えて量を確保することや、買請米で不足する飯米を住友独自に調達する必要もあったから、新居浜には数千石の米が集まり取引も盛んにおこなわれた。こうした手続きを新居浜の問屋が担っていた。

東予の金融センター

別子銅山は運転資金の一部を西条藩や松山藩の為替を引き受けることによって得ていた。このような武家為替の取組額は年間銀三〇〇貫目前後にのぼり、銅山会計における請取資金の約三分の一を占めていた。大部分は藩から年貢代銀などの資金を預かり大坂の蔵屋敷・掛屋に送る送金為替であったが、西条藩の大坂宛為替では住友による先納（先払い）もおこなわれた。新居浜で取り組むこうした為替は、大坂へは銀で、江戸宛には金で送っていた。一九世紀になると、新居浜口屋では、周辺諸藩の異なる藩札同士の交換や銀との両替を藩役所の依頼に応じておこなっていた。東予地域では西条・小松・今治・松山の藩札が各藩の領域を越えて広く流通していた。松山宛為替の資金を各藩札を取り混ぜて受け取ったり、松山藩預り所役所が宇摩郡で取り立てた西条札を銀に両替して松山に送ることが年々おこなわれていたようだ。領主にとっては、地元で流通する貨幣を持ち込めば金銀貨で送金してくれる利便性は高かった。

口屋では、仕入れや労賃支払いのために東予の各種藩札を確保しておく必要があったし、運送業者に対して貨幣や米の前貸しをして輸送サービスを受けていた。このように新居浜口屋は、領主の送金業務と深く関わりながら両替業務を果たし、金融にも手を広げていたといえよう。

積出港市から鉱工業都市へ

江戸時代後期の新居浜は、鉱山都市の外港として、物資の取引あるいは両替・金融業務を通じ、東予の経済拠点として発展する基盤を形作っていた。鉱山経営を長く継続するための経済的仕組みをさまざまに作り上げてきた。しかし幕府や藩の消滅とともに、買請米や諸藩との為替取引に裏付けられた金融は、大きな改変を余儀なくされ、自前で新たな物流や金融を構築することが求められた。

いっぽう銅の最終精錬を大坂でおこなわなければならないという規制は解かれ、一八六九年（明治二）に北麓の立川に製品にまで仕上げる精錬工場が操業することになった。銅製品の輸出も視野に入ってきたが、大型船が接岸できるような港はまだなかった。さらに江戸時代以来の山中での小規模な製錬は、輸送手段の改良・整備とともに、鉱石を搬出して、平野部の大規模な製錬所で行うやり方に変更されていった。鉱山都市と積出港市を分立させていた諸条件が急速に変化し、そのなかで新居浜は鉱山と直結した鉱工業都市へと変貌を遂げていく。

コラム　山銀札《やまぎんさつ》——別子銅山の貨幣流通——

一八六九年（明治二）から五年間ほど別子銅山では独自の山銀札という紙幣が流通した（写真4-9）。当時の通貨事情を知るために、少し時代をさかのぼってみよう。

江戸時代には、金・銀・銭の三種の貨幣が流通し、東日本が金遣い、西日本が銀遣いという地域的な違いが見られたことはよく知られている。しかし別子周辺では、銭が主に流通し、銀は遠方との取引や大口の支払に限られた。一八世紀以降、銀遣いと銭をリンクさせる便法として、一定枚数の銭を銭一匁と数える銭匁勘定がおこなわれた。はじめ銀一匁＝銭一匁＝銭何文という形で相場に連動して銭一匁の文数は変化していたが、一八世紀末頃になると銭の枚数が固定され、しかも藩領ごとにその数が相違するという複雑な様相を見せるにいたった。周辺各藩の藩札もこれに連動した銭匁札として流通するようになり、松山藩・小松藩の銭一匁札が銭六〇文、今治藩が同六六文、西条藩が同六七文で通用した。

別子銅山でも、一八世紀末頃から西条藩や松山藩などの藩札に加印して山内限りで使用することが始まった。少額の支払いには札のほうが使い勝手が良く、運搬に便利であった。札を導入してから銅山の会計では、一匁を銭七二文とする山銀という計算上の通貨単位を使用していたことがわかる。銭匁勘定の一種であり、別子は独立した貨幣・物価の世界を形成した。その後、山銀一匁＝銭一〇〇文という数値で固定され、明治維新を迎えた。

維新期になり銭不足や藩札停止が懸念されると、小額貨幣の不足に悩んだ別子銅山では、実際に山銀札を発行して支払いに充てた。「銀」表示が禁止されたため、一八七三年から七六年まで「歩役」という単位の歩《ぶ》役札《やくさつ》に変更されたが、明治国家の円貨に交換されるまで、別子山内は周辺地域とは異なる独自の通貨圏を維持していたのである。

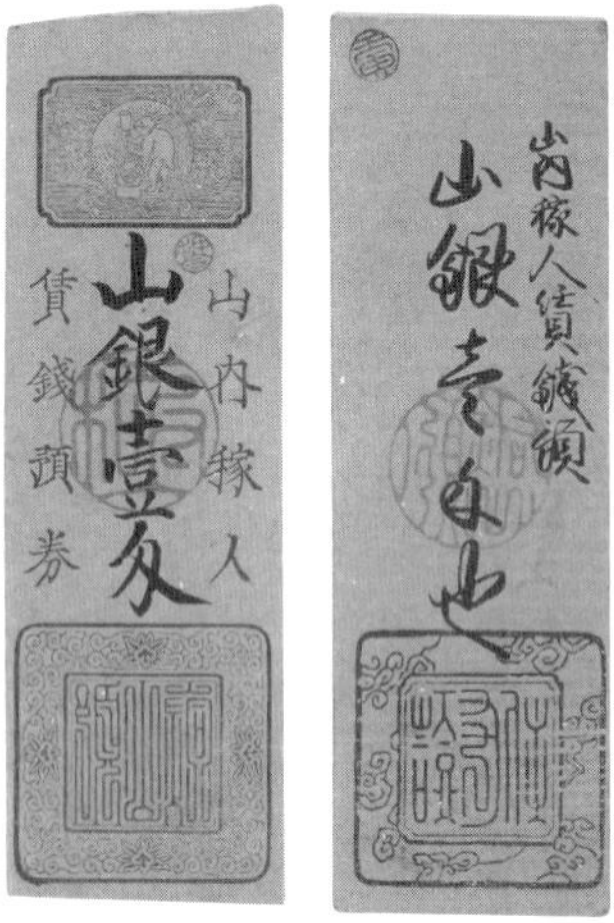

写真 4-9　新(左)・旧(右)の山銀札

第5章　銅貿易を支える仕組み

一　長崎貿易と銅統制のあらまし

一七世紀の銅輸出

一七世紀末にいたるまで銅の国内取引や貿易について制限はほとんどなかった。幕府は寛永通宝鋳造開始後に銅が不足するのを心配して一時輸出を禁止したが、その時を除いて銅の商売は当事者同士の相対次第《あいたいしだい》で、誰でも輸出してよく、数量や値段も交渉して決めた。

近世初頭まで銅の中心市場は京都であった。一七世紀中ごろオランダ東インド会社が棹銅《さおどう》を輸出銅の標準にしたので（写真5-1）、棹銅の製造技術に優れた銅吹屋のいる大坂が銅の中心市場へと成長した。大坂の泉屋住友家と大坂屋、それに平野屋は、銅吹屋を兼ねる銅屋で銅山も稼行し、さらには貨物の輸入もするという業態で、履歴も古い。やがて棹銅を輸出

写真 5-1　輸出用の棹銅箱

し貨物の輸入を兼ねる銅屋が、大坂に限らず京都・堺・長崎・豊後それに江戸などから輩出した。吹所を持たず小吹屋《こぶきや》（型銅等の製造業者）に棹銅を供給させて輸出する銅屋も多かった。

銀が枯渇するようになると、幕府は長崎貿易で銀が流出するのを抑制するようになった。一六七二年に貨物市法商売法を施行し、貨物の輸入値段を抑えて対価である銀の流出を抑制しようとしたとき、銅屋の貨物輸入兼業は禁止された。このころから、銅貿易の利益を狙って独占したいという新規参入者からの出願が続出し、住友をはじめ実績ある銅屋がいちいち反論した。

こうした動きのなかで、幕府所有の足尾銅の輸出請負と抱き合わせに銅貿易を独占するという出願があったのをきっかけに、幕府は実績ある銅屋に足尾銅輸出を請け負わせ（足尾五ケ一銅の仕法）、併せて独占を公認した。公認の銅屋を古来銅屋と言い、人数は一六七八年に一六人に固定された。住友・大坂屋・平野屋らはもちろん古来銅屋の仲間である。だがこれは仲間外の輸出を認めないというだけの緩やかな独占で、一定の輸出量を請け負ったり運上を納めたりするものではなかった。したがって銅屋株の移転はときどきあり、銅貿易自体も従来のとおり相対次第でおこなわれた。

長崎貿易の変化

元禄期（一六八八～一七〇四）は長崎貿易が大きく変化する節目であった。長崎会所《かいしょ》が設置されたことで、輸出入全体の額と利益が把握され、幕府が運上金を徴収するようになった。これを長崎貿易の官営化と呼ぶことが多いが、実は、貿易が長崎の町によって町のために経営される会所貿易へと切り替わってゆく端緒であった。

会所貿易は、長崎会所が輸入品全体を一手に国内販売し、得られる利益を、幕府への運上や長崎の役人の給料や町の経費や輸入品の集荷費に配分する方式である。この方式は一七二〇年代に始まり、いく度かの変遷を経て幕末の開港まで至ったと考えられる。銅貿易もこの大きな動きに巻き込まれてゆく。すでに銀に替わる最大の輸出品となっていた銅の円滑な輸出のための施策が、長崎貿易全体の性格を転換させる軸となった。

銅の輸出にとって障害となる国内の銅値段の上昇が、一七〇〇～一五年ころと一七三六～四〇年ころに起こった。大幅な上昇を輸出値段に全面的に転嫁すれば円滑な貿易に支障をきたす。輸出値段に転嫁しないために幕府がとった施策は、第一の時期では、長崎に送る銅値段を抑制する、すなわち大坂における集荷段階で抑制する方式であった。相場より安く銅を長崎へ送って生じる損は、はじめ銅吹屋が負担し、次いで山元（鉱山経営者）が負担し幕府も補塡した。ここには、銅山経営を兼ねる銅吹屋も含まれた。

第二の時期では、長崎へは相場を反映した値段で送りその輸出値段を抑制する、すなわち輸出段階で抑制する方式がとられた。銅輸出で生じる赤字は、輸入貨物の国内販売によって生じる利益で補塡された。幕府は長崎会所からの運上徴収を二の次にしてもこの方式を確立させざるをえなかった。

一七世紀末から幕府の長崎貿易輸出入全般の統制が始まり、銅値段の上昇への対処策から銅統制が進展した。この約七〇年間に統制の仕法は短期間に変転し、一七六六年に第三次銅座いわゆる明和銅座が設置され、銅が専売制となり、銅座と長崎会所が一体となって一〇〇年以上継続する仕法が確立した。

二　銅統制仕法の変遷

幕府による銅統制のやり方は、主として輸出銅の集荷方式と輸出方式に関して変更を繰り返し、一八世紀半ばの明和銅座設立にいたって、国内用・輸出用とも銅全体が専売品になった。その変遷について時期を追って見てみよう。

（１）運上付請負法《うんじょうつきうけおいほう》（一六九五〜一七〇〇年　元禄八〜十三年）

中国で清朝政府が日本への渡航を解禁すると来航する唐船《とうせん》が増加した。日本では銅の増産が続いていたが、幕府は定高制《じょうだかせい》という貿易額の制限や来航隻数を定めたため、取引できない唐船が出て、それが密貿易の温床になった。そこで定高制の枠外で銅を対価とする銅代物《どうしろもの》替《がえ》という貿易が開始され、幕府は請負人に運上を賦課した。これが運上付請負法の始まりであり、かつ長崎貿易の利益から運上を徴収する始まりでもあった。

最初は江戸町人伏見屋四郎兵衛が、のちに長崎の町が請け負った。そして古来銅屋の定高の銅貿易にも従来なかった運上が賦課された。するとさらに高額の運上をもって仲間外の桔《き》梗《きょう》屋《や》又八《またはち》らが出願して一手に請負ったが、運上の負担に耐えかねて撤退し、長崎では輸出銅の集荷に支障をきたした。

（２）元禄銅座（一七〇一〜一二年　元禄十四〜正徳二年）

この銅座は幕府の銀座が兼務した役所で、設置時の年号を冠して元禄銅座と呼び、他の時期と区別される。はじめ大坂の石町《こくまち》（大阪市中央区）におかれ、間もなく幸町《さいわいちょう》（浪速区）に移転した。銅座は、輸出用の御用銅を銅吹屋から当時の相場より安い固定値段で買上げ、その損失を銅吹屋に負担させた。

銅座設置にあたり古来銅屋のうち吹所を持たない一二人は廃業させられ、残る四人（住友・大坂屋・大塚屋の大吹屋三人と、銅山持小吹屋の熊野屋）と型銅を製造する小吹屋が銅座配下の銅吹屋となった。

銅座設置の理由は、これまで輸出用の銅が不足したからとされてきたが、主要な理由とは考え難い。第一に、不足という場合基準とされる一六九七年の輸出実績八九〇万斤余（五三四〇トン）はせいぜい目安であって目標ではなかった。第二に、当時オランダ商館には在庫があり、唐船も中国で銅が値下りしていてあまり輸出に意欲的ではなかった。銅座設置の理由は、国内の銅相場が上昇しそれを輸出値段に転嫁できないからと考えるべきで、その上昇の原因には、元禄改鋳と呼ばれる幕府による金銀貨の改鋳と銅銭の大規模な鋳造のための銅需要があった。

ここで銅相場の動向を確認しておこう。一六九九年末から大坂の銅相場が上昇した。一〇〇斤（六〇キロ）当たりの値段で比較すると、一七〇〇年九月に荒銅一〇〇匁三、棹銅一〇七匁二五、一七〇一年一～二月には荒銅一〇四匁、棹銅一一一匁九九であった。荒銅とは、輸出用の棹銅の原料となる半製品である。銅座ができると、棹銅は一〇五匁で買上げられた。

表5-1　元禄銅座末期の荒銅売買値段(大坂相場)

単位:匁

年次	秋田銅	別子銅
1708	94.3	97.5
1709	93.4	97.5
1710	95.9	97.5
1711	97.5	110.0
1712	106.2	150.0

さらに、元禄銅座末期の一七〇八～一二年の秋田荒銅と別子荒銅について住友が売買した大坂の相場を見ると、秋田銅は九三、四匁から一〇六匁へ、別子銅は九七匁余から一五〇匁へと次第に上昇していた（表５-１）。住友や他の銅吹屋は互いに荒銅の売買をおこない、それを棹銅に吹いていた。荒銅値段の上昇が続くなかで銅座による安値買上げが長続きすることはなく、一七一二年に資金繰り悪化のため銅座は廃止された。

（３）銅吹屋仲間長崎廻銅《かいどう》請負（一七一二～一五年　正徳二～五年）

一七一二年当時の銅吹屋仲間一七人に大坂で荒銅を独占的に集荷させ、彼らに棹銅を吹かせ長崎に廻送させた仕法である。幕府の貨幣改鋳が進み、銀の品位三二%の三ツ宝《みつたから》銀や同二〇%の四ツ宝銀という低品位の銀貨が相次いで発行されたために、大坂では銅相場が急激に上昇した。そこで、荒銅を大坂に集中させて買入値段を抑制し、棹銅製造費を平準化して、棹銅値段を抑制した。輸出銅値段を多少引上げ、それで不足する分は幕府が補塡した。幕府は銅を大坂に集中する法令を出し、経済的支援もおこなって、山元や山師兼業の銅吹屋に負担を強いて集荷値段の抑制を実施した。

仕法開始前年からの仲間買入の荒銅高値段は、秋田銅が一二二匁から一三五匁へ、別子銅が一四〇匁から一九五匁へと上昇を見せていたが、一七一二年に幕府の意向を受けて相場より引下げ調整した結果、秋田銅は一〇七匁余から一〇九匁余の水準に、別子銅は一〇八匁五になって維持された（表5-2）。

表5-2　銅吹屋仲間荒銅買入値段

単位：匁

年次	秋田銅	別子銅	備考
1711	122.00	140.00	高値段
1712	135.00 107.71	195.00 108.50	〃 調整後
1713	108.88	108.50	
1714	109.50	108.50	
1715	108.00	108.50	

ところが一七一五年正徳新例の制定によって、唐船に信牌《しんぱい》という来航許可証を持参させることになり、それにともなう混乱のため唐船の来航が一時激減し滞貨が大量に発生すると、この仕法は行き詰まった。

（4）御割合御用銅《おわりあいごようどう》（一七一六～二一年　享保元～六年）

銅生産がこのころ漸減したのに合わせて輸出銅五〇〇万斤（三〇〇〇トン）を目標にして、この量の荒銅を幕府が山元の領主や代官に割当て、申告値段で出荷させた仕法である。（3）銅吹屋仲間長崎廻銅請負期に荒銅の集荷値段を抑制した反動で、申告値段が大幅に上昇し、

表5-3　御割合御用銅期の申告値段

単位:匁

年次	秋田銅	別子銅	基準銀貨
1716	145.2	114.9	四ツ宝銀
1717	148.6	123.0	
1718	204.4	256.4	
1719	111.4	91.5	新銀
1720	110.8	97.5	

買上げる幕府の負担が大きく、この制度は長続きしなかった。

この時期の秋田荒銅と別子荒銅について、山元の製造費をもとに申告した値段の推移を見ると、一七一六〜一八年には、秋田銅は一四五匁余から二〇四匁へ、別子銅も一一四匁余から二五六匁余へと急激に上昇したあと、一七一九・二〇年には秋田銅一一一匁前後、別子銅九一匁余〜九七匁余の水準にほぼ半減している（表5-3）。一七一九年に大幅に値段が下落したのは、基準となる銀貨が品位二〇％の四ツ宝銀から品位八〇％の享保銀に変更されたからである。それに合わせて銅の輸出値段も切り下げられ、かつ固定された。

（5）第一次長崎直買入《じきかいいれ》（一七二二〜三七年　享保七〜元文二年）

長崎奉行が配下の長崎会所に命じて輸出銅を集荷した仕法である。大坂に長崎御用銅会所という長崎会所の出張所を設けた。大坂での御用銅集荷の主体として長崎会所が初めて登場した。（1）〜（3）の時期の主体は銅屋・銅吹屋（（2）では銅座が棹銅を銅吹屋から買上げる）、

(4)では幕府勘定所であった。

(6) 元文銅座(一七三八〜五〇年 元文三〜寛延三年)

一七三六年から幕府によって元文の貨幣改鋳がおこなわれ、金銀貨幣の品位は切下げられた。改鋳による名目的な物価上昇に加え、遅れて銅銭の増鋳も始まり、銅需要によって銅値段が急上昇したため、銅座が設置された。これを他の時期の銅座と区別し、当時の年号をつけて元文銅座あるいは第二次銅座と呼ぶ。元禄期同様に銀座加役《かやく》(兼務)の銅座で、大坂内《うち》両替町《りょうがえまち》(大阪市中央区)の銀座役所の隣にあった。荒銅を独占的に買上げ、銅吹屋仲間に工賃を払って精錬させ、輸出用の棹銅は長崎御用銅会所に渡し、国内向けの地売吹銅《じうりふきどう》(吹銅は精錬した銅のこと)を販売した。

当初、荒銅買上げ値段の算定については、名目的な価格上昇分として従来の三割増とし、銅の七歩は御用銅、三歩は地売銅という用途割合を仮定して、地売銅には相場を反映させるという原則が示された。その原則では、御用銅と地売銅で値段が二本立てになるようにみえるが、算定の過程でひとつの銅の値段は一本に決められた。秋田銅一〇〇斤の実例を示すと、御用銅七〇斤と地売向三〇斤について、それぞれ一〇〇斤当たりの値段一一七匁四と二七〇匁を掛け、その二口の代銀八九匁一八と八一匁を加えた一七〇匁一八が秋田銅一〇〇斤の平均値段となるのである。

銅座は秋田銅値段に近似する一七〇匁を標準として銅問屋に指示し、次いで別子銅など予州銅の値段を一六四匁九六とした。予州銅値段を標準より下げた理由は、銀をほとんど含まない間吹物《まぶきもの》といわれる銅だからであろう。翌年銅座は、秋田銅を七匁増しの一七七匁一八とし、別子銅は同じく一七一匁九六とした。この値段は一七四三年の二〇匁引下げまで継続した。

いっぽう輸出銅の価格は、かつて享保銀の通用に合わせて切り下げられたまま固定されていた。それゆえ(2)元禄銅座のように棹銅の集荷段階で値段を抑制する、あるいは(3)銅吹屋仲間長崎廻銅請負のように荒銅の集荷段階で抑制するのではなく、長崎における輸出段階で価格を抑制し赤字を輸入利益で補塡する方法が採られた。すでに長崎会所が輸出銅集荷の主体であったから、会所組織のなかで輸出の赤字と輸入の黒字を相殺することが可能になっていたと考えられる。

銅座廃止の一七五〇年には秋田藩・南部藩・住友が長崎奉行に対して、御用銅は棹銅として吹賃込みで、秋田銅一五六匁五二、尾去沢銅・別子銅一三九匁四八の値段で売上げることを請け負った。これは下落した相場の底値を反映した値段であったが、定値段として幕末まで据置かれた。そのため住友などから買い上げ値段の引き上げ要求がたびたび起こり、これに対して、手当銀などの支給によって実質的に何度か値上げされた。

（7）第二次長崎直買入（一七五一～六五年　宝暦元～明和二年）

長崎奉行が配下の長崎会所に命じて輸出銅を集荷した仕法である。秋田、南部（尾去沢）、別子という主要な輸出銅を秋田藩・南部藩・住友が、長崎奉行に対して棹銅値段と出荷高を固定して請け負っている点が第一次の仕法と異なる。棹銅は大坂で長崎御用銅会所が受け取り、代銀を支払った。

（8）明和銅座（一七六六～一八六八年　明和三～明治元年）

設置時の年号をつけて明和銅座あるいは第三次銅座と呼ばれ、幕府によって長崎御用銅会所を改編して設置された（写真5-2）。大坂の過書町《かしょまち》（中央区）にあり、建物はもともと大坂を通行する長崎奉行やオランダ商館長が泊まる宿舎で、その一部に設けられた。元禄銅座と元文銅座が銀座加役（兼務）の臨時の役所であったのに対して、明和銅座は常設の役所

写真 5-2　明和銅座跡

であった。勘定奉行と長崎奉行が支配し、のちには大坂町奉行も加わり三奉行が支配することになった。

明和銅座は御用銅の集荷業務に加えて、地売銅の統制も業務として、荒銅・吹銅とも専売した。そこで荒銅売買を商売にしていた銅吹屋や銅仲買、それに銅問屋は手数料だけを与えられるようになった。

地売銅は(6)元文銅座の後半期に自由売買となっており、その値段は一七五〇年代から次第に上昇し、その度合いを速めた。国内向けの地売銅値段の上昇が輸出向けの御用銅値段に影響することを懸念した銅座は、値段の上昇が甚だしかった地売銅の統制、とくに荒銅買上げと吹銅売出し値段の公定に主眼をおいた。

その方法は、まず①地売荒銅の種類ごとに、山元仕切値段（現地売出価格）と精錬時のロスや副産物として採れる銀・白目《しろめ》・鉛などの量を勘案して買上げ値段を定める。②その買上げ値段に、出灰吹銀《ではいふきぎん》などの代銀を差し引いた公定の吹賃や公定の口銭（手数料）を加えて個々の銅の地売見合値段（標準価格）を決め、それらを積算して銅座が吹銅を売出す値段を定める。種々の荒銅も精錬によって均一の吹銅になり同一値段で販売されることになった。さらに流通量を調整するため③一七六八年から銅の備蓄を開始する、というものであった。

①は数年来の山元仕切値段の動きを調査して買上げ値段を決め、銅の品位は糺吹《ただしふき》（試験精錬）を実施して決めた。②の吹賃を元文銅座設置当初より若干引上げて公定した。その結果、明和銅座設置当初、吹銅売出し値段は一〇〇斤につき二一〇匁となった。③は御用銅・地売銅の余銅《あまりどう》を三〇〇万斤を目標に備蓄し、生産・流通の急変に対処できるようにしたものである。

地売銅の売買益は銅座の収入源となり、その蓄積から運用益も出るようになった。地売銅市場における商人の投機的行動は取締るのが基本的な方針で、地売銅市場の秩序維持に重点が置かれた。

明和銅座のはじめには輸出銅は既定の請負制で集荷し、地売銅は国内向け専用であったが、備蓄制度での融通も可能となり、次第に総体的に統制された。さらに一七九〇年の長崎商売半減令によって銅貿易は縮小し、銅統制としては、地売銅の動向を貿易と同等かそれ以上に重視するようになったと考えられる。

一八一〇年代に地売銅の生産が拡大するとそれが輸出に影響をあたえ、半減令の規定を越えて輸出が拡大するということもあり、銅は概して潤沢であった。地売吹銅売出し値段は、相場を勘案して何度か改訂されたのち、一八一九年から吹銅は入札払いになった。

明和銅座と長崎会所の関係については未解明な部分がある。人員面では、長崎御用銅会所以来の役人の上に大坂町奉行所と勘定所の役人が配置された。資金面では、御用銅の銅代や手当銀が長崎会所の輸入益から支払われたこと、地売銅買上げ資金が当初は長崎会所から出されたことから、規模の大きい長崎会所が主体で銅座はその一部とみえる。その後、銅座の地売方《じうりかた》が利益を出して長崎方《ながさきかた》へ融通し、大坂で銅座掛屋《どうざかけや》を指定して金銀出納をおこなわせるようになると、出納に長崎貿易の商売銀を含めるなどした。銅座は幕府の役所にしては企業的経営の方向に進んでいったようである。住友は、一八一九年に三井組とともに銅座掛屋に任命され、銅座財政に深く関わるようになった。

三　銅吹屋仲間とその役割

銅貿易と銅吹屋

一七世紀中期、銅貿易を担ったのは銅屋と呼ばれる人たちで、銅を買い集めて輸出し、代わりに貨物の輸入をおこなった。そのうちの有力者であった泉屋住友・大坂屋・平野屋などは、銅の精錬業や鉱山業を兼ねて銅の製造から販売までおこなったが、銅屋のなかには銅の製造に関わらない者もいた。そうした銅屋は、小吹屋と呼ばれる精錬業者から棹銅を購入した。

小吹屋は工賃を取って銅を製造し、また銅を国内向けに売る吹屋であった。当時、有力な銅屋の親類・別家・細工人・手代などの縁者から小吹屋が続出し、銅生産の拡大を背景として成長し、そのうちの一一人は銅貿易もおこない、一六九二年には古来銅屋の訴えによって禁止されるまでになった。元禄銅座が設置されると、彼らは銅座配下の銅吹屋となり、銅座に棹銅を売上げた。そのうち六人は、元禄銅座が廃止されて銅吹屋仲間が長崎廻銅を請負ったとき、銅吹屋仲間一七人に組み入れられた。

一八世紀になると貿易統制が強まり、「銅屋」という由緒は残っても輸出入に関わる銅屋本来の商売は消滅した。かつての有力な銅屋たちは山師、すなわち銅山経営者として発展していく。住友は別格として、大坂屋も熊野屋も山師として重きをなした。一七一一年ごろ、手山《てやま》と称して自営していた銅山は、住友が別子・吉岡・小畑・桑瀬・日向、大坂屋が白根・仙台・会津、熊野屋が熊野・次郎・千原であり、全産銅高のうち別子は二八%、別子以外の三家の手山は九%、合計三七%を占めた。

銅吹屋仲間長崎廻銅請負の仕法では荒銅はすべて大坂の銅吹屋へ送られ、一七人は共同で御用銅・地売銅の製造を請け負い、集められた荒銅の配分比率を決めた。彼らは長崎銅会所を設置して輸出銅を保管し、その経費は幕府が支給した。この仕法での銅吹屋仲間は銅座同様の存在であった。仕法が替わったのちも、大坂における荒銅受取りや長崎への棹銅発送の手順、長崎における輸出銅の保管や外国商人への引き渡しの手順は、幕末まで基本的にかわらなかった。

一八世紀中期になると銅仲買が台頭し、吹銅商売のみならず荒銅商売でも銅吹屋仲間と競合し、投機的行動も見られるようになった。明和銅座が設置され銅が専売となると、銅吹屋は長年の地売銅商売を失って休業者が続出した。銅吹屋は固有の業務である銅の製造のほか、銅の現物を管理する業務を銅座から下請けする存在になった。さらに鑑識眼を必要とする廻銅の受取りや紅吹業務、長崎での輸出銅の保管業務などで専門性を発揮した。一七九六年、東国における銅統制のために江戸に古銅吹所《こどうふきしょ》が設置されると、仲間が交代で詰め職務を果たした。

銅吹屋仲間の変遷

一七一二年、長崎廻銅を請負った銅吹屋仲間一七人の名前と由緒は表5-4に示したとおりである。その出自は古来銅屋の泉屋住友・大坂屋・大塚屋・熊野屋・平野屋とその縁者、多田銀山出身者、銀座役人長尾氏の関係者、それに一七世紀からつづく小吹屋一一人のうちの六人であった。

ちょうどこのころから日本における銅生産は減少傾向になり、それに応じて銅吹屋のなかには休業する者が増えていった。しかし一七人の名前は以後固定され、休業者の補充はなかった。元文銅座より前に熊野屋徳兵衛・平野屋市郎兵衛が休業し、元文銅座期にはさらに吹屋次左衛門が休業した。明和銅座設置時の仲間は一三人で、このうち明治初年まで続いたのは、住友を含め六人にすぎなかった。大坂屋駒太郎（久左衛門末裔）とその別家大坂屋又右衛門（又兵衛末裔）、熊野屋彦太郎（彦太夫末裔）、銀座役人の親類を出自とした富屋彦兵衛（藤助末裔）、それに先の小吹屋一一人の一人であった川崎屋吉十郎（平兵衛末裔）であった。

吹所の規模と仲間間の較差

吹所の規模や生産高において、銅吹屋のあいだに相当な較差があった。銅生産の最盛期である一七〇八年の棹銅売上高計五九九万斤の内訳を見ると、泉屋住友は二三二万斤で全体の三九％を占め、次いで大坂屋久左衛門九八万斤、富屋藤助五七万斤、二二〜二四万斤で熊野屋彦大夫・丸銅屋・平野屋忠兵衛・多田屋・平野屋三右衛門が並び、一一〜一九万斤で大塚屋・平野屋ぎん・平野屋市郎兵衛・熊野屋徳兵衛・大坂屋又兵衛・吹屋、三万斤で川崎屋の順であった。銅吹屋によっては棹銅よりも地売銅に重点をおいていたかもしれないが、この時期に住友の規模が抜群に大きかったことは確かである。

一八世紀後半になると銅が減産し、休業する者や遊休設備が目立ってきた。吹床《ふきどこ》すなわち炉の数を、一七六五年の仲間各人の所有・稼働吹床数で比較すると、住友は所有吹床において全体の一三％、稼働吹床において一四％を占めた。銅生産が減少していくなかで仲間間の差は相当に縮まった（表5-4）。

さらに幕末期には銅吹屋仲間は六人に減少した。一八六〇年の職人数を見ると、六人はほぼ横ならびである。大工の数は吹床の数に近似するので、設備の規模ではもはや住友とそれ以外の五人とは大差なくなっている。大工以外の職人（鞴差《ふいごさし》・手伝）数が若干多い程度であった。

休業時期	1765年の稼働床数		1860年の職人数	
	名前	稼働床数 (吹床数－遊休)	名前	職人数 (大工＋職人)
	吉左衛門	22(31－9)	吉次郎	80(14+66)
	久左衛門	12(26－14)	駒太郎	48(11+37)
1774年当時休業	甚右衛門	13(15－2)	—	—
	彦太夫	12(16－4)	彦太郎	49(11+38)
1774年当時休業	次郎兵衛	10(16－6)	—	—
1792年以後休業	忠兵衛	11(15－4)	—	—
1766年以後休業	市郎兵衛	12(16－4)	—	—
1804年以後休業	三右衛門	12(16－4)	—	—
	かつ	0(13－13)	吉右衛門	48(10+38)
1792年以後休業	藤右衛門	11(15－4)	—	—
1731年ころ休業	—	—	—	—
1726年ころ休業	—	—	—	—
	藤吉	10(14－4)	彦兵衛	49(9+40)
	又治郎	13(16－3)	又兵衛	52(11+41)
1744～48年ころ休業	—	—	—	—
1766年以後休業	伊右衛門	10(14－4)	—	—
1803年以後休業	三右衛門	12(18－6)	—	—
	計14人	計160(241－81)	計6人	計326(66+260)

表5-4　銅吹屋仲間の動態

1712年長崎廻銅を請負った銅吹屋仲間		
屋号	名前	由緒
泉屋	吉左衛門	古来銅屋
大坂屋	久左衛門	古来銅屋
大塚屋	甚右衛門	古来銅屋
熊野屋	彦大夫	和歌山住宅大坂出店、承応年中(1652～55)より銅吹屋、1675年より異国売銅屋
丸銅屋	次郎兵衛	古来銅屋丸銅屋仁兵衛弟、1644年より小吹屋、1692年小吹屋11人のうち
平野屋	忠兵衛	1660年より小吹屋、今橋平野屋利兵衛より出る、1692年小吹屋11人のうち
多田屋	市郎兵衛	1665年より小吹屋、陸奥国南部中村の産、多田銀山より出る、1692年小吹屋11人のうち
平野屋	三右衛門	1672年より小吹屋、大和国十市郡の産、古来銅屋平野屋清右衛門より出る、1692年小吹屋11人のうち
川崎屋	平兵衛	1676年より小吹屋川崎屋茂兵衛の吹商売譲受、元禄末宝永年中(1704～1711)より小吹屋、1692年小吹屋11人のうち
平野屋	ぎん	1692年より小吹屋、大和国十市郡平野屋三右衛門親類、1692年小吹屋11人のうち
平野屋	市郎兵衛	1696年より小吹屋、大和国十市郡平野屋三右衛門親類
熊野屋	徳兵衛	1701年より小吹屋、熊野屋彦大夫別家
富屋	藤助	1701年より小吹屋、銀座長尾七郎右衛門親類の由
大坂屋	又兵衛	1707年より小吹屋、大坂屋久左衛門別家
吹屋	次左衛門	1711年より小吹屋、古来銅屋平野屋清右衛門手代の弟
富屋	伊兵衛	1711年より小吹屋、富屋藤助別家
大坂屋	三右衛門	1712年より小吹屋、大坂屋久左衛門別家
	計17人	

長崎における銅保管業務

輸出銅は大坂の廻船問屋が長崎へ輸送した。瀬戸内海から下関を通り、九州の北側を回って長崎へ着く。オランダ向けの銅は長崎に着くとすぐに出島のオランダ商館の倉庫に保管された。唐人《とうじん》（中国系商人）向けの銅は、銅商人の店の蔵で保管した。唐人ははじめ長崎市中の町人の家に宿泊し、その町が滞在や貿易の世話をし、利益の配分に与った。のちには密貿易防止のため唐人屋敷（唐館）に集められて滞在し貿易した。唐人向けの銅はずっと銅商人が保管し、出航直前に計量され代銀が支払われ船積みされた。

こうした銅商人として、住友と大坂屋はもともと長崎に出店を置いていた。一七一二年に銅吹屋仲間が長崎廻銅を請け負ったとき、住友・大坂屋の出店のほかに、小吹屋一五人が共同で出店を新設した。このとき小吹屋の出店が御用銅を保管する長崎銅会所となり、その経費が幕府から支払われることになった。しかしのちに浦五島町にあった住友の出店が長崎銅会所となった。

長崎会所は何度か保管業務を銅吹屋仲間から長崎会所に移管しようとしたが、銅吹屋仲間が抵抗して実現しなかった。保管業務のうちには、棹銅の色や形状に関する外国商人からの苦情に対処することがあり、長崎会所役人では外国商人に押されてしまうという事情があったかも知れない。しかし一七六六年に保管場所は、新地にある長崎会所の蔵に変更になって長崎銅蔵所という名称になり、業務の経費も削られて銅吹屋仲間の負担が大きくなった。

四　輸出銅製造を支えた技術

棹銅が輸出銅の標準

いわゆる鎖国前、日本銅の輸出の初期のころ、輸出銅の形状はさまざまで品質も一定していなかった。だが、一七世紀中ごろにオランダ東インド会社は、日本銅をインドを主とするアジア各地、ときにはヨーロッパで販売する商売を展開するとともに、南蛮吹《なんばんぶき》・棹吹《さおぶき》した棹銅を輸出銅の標準とし、品質を厳しく管理した。

南蛮吹の特徴

南蛮吹は銀を含む銅から銀を分離する高度な技術であり、一七世紀初めに蘇我理右衛門が開発した。

鉛を使用して荒銅のなかから銀を分離する方法は、ヨーロッパで中世から知られていた。一六世紀半ばに刊行された鉱業技術書であるアグリコラ著『デ・レ・メタリカ』にその方法が載っている。日本の南蛮吹と比較すると、まず炉の構造に大きな違いがある。煉瓦を組んだヨーロッパの炉に対して、日本では地面を掘りくぼめた吹床《ふきどこ》である。操作面ではヨーロッパの場合は、①鉛の配合が多く、②銅鉛合金（南蛮吹の合銅に相当）四個を塊状のまま吹き分け炉に入れ、加熱して銀を含んだ鉛を流出させるが鉸《しぼ》らない、③原料の装入量が多い、という特色がある。

それに対して南蛮吹は少量の鉛を使用して鉸るところに特徴があり、ヨーロッパの技術の直輸入ではない。南蛮吹では、銅一に対して鉛〇・一七〜〇・三四を合わせ、合銅は薄く剝離して一枚約三〇〇匁（一・一キロ）である。合銅を加熱して鉛を流出させるとき圧迫して鉸《しぼ》る。一般には「鉸」南蛮吹を「しぼり吹」、抜銀した銅を「しぼり銅」というのはこのためである。一般には「鉸」の字を使用したが、住友では「鋄」を用いた。

海外からの情報が南蛮吹の開発の原理的なヒントになったことは推測できる。しかし伝授したとされる南蛮人「白水」も明人「白水」も、一八世紀末の史料が初見で、古い記録には見えない。はるか後年になって権威づけのために創作されたのであろう。

南蛮吹の効用

一七世紀末になるとオランダによる銅輸出は唐船に逆転された。唐船は必ずしも棹銅を欲せず、むしろ安価な荒銅や間吹《まぶき》銅を欲した。実際荒銅の輸出が目立って増大した。放置すると日本の利益になる南蛮吹や棹吹が衰退してしまう恐れがあった。

南蛮吹は精銅の品位を高め、かつ銀が採れるが、経費がかかる。したがって銀が採れるからといって個々の銅吹屋が単独に実施しても儲かるというわけではなく、それを標準化し制度として実施すれば、日本で銀を確保し、銅吹屋仲間とその周辺で一定の利益確保が期待できた。

一六九二年に銅屋が提出した試算によると、棹銅を輸出するのと間吹銅（品位は棹銅と変わらないが安い）を輸出するのとでは、次のような違いがある。

①銅一〇〇万斤について、輸出値段は棹銅一〇二〇貫目、間吹銅九〇〇貫目で、この差約一〇〇貫目が損となる。

②荒銅の含銀を一〇〇斤につき一〇匁とすると、間吹銅では一〇〇万斤につき一〇〇貫目が銅に含まれたまま流出することになる。

③含銀は実際には一〇匁より多く、さらに一〇〇貫目ほどが銅に含まれたまま流出し、損

は①②③計三〇〇貫目。

④銅吹の経費は、一〇〇万斤あたり南蛮吹一八〇貫目、棹吹が六〇貫目、棹銅箱代七貫目、くず吹経費二〇貫目、計二六七貫目。いっぽう間吹の経費は四〇貫目。この差二二七貫目が経費の支払を受ける棹銅製造業者（銅吹屋）の売上減となり、すなわち逸失利益にあたる。

⑤これを当時の輸出銅五〇〇万斤に当てはめると、流出銀一五〇〇貫目、逸失利益は一一三五貫目である。

この主張は銀の確保という点が幕府に効いたらしく、やがて元禄銅座の設置のとき、輸出用の御用銅は棹銅が標準であると再確認された。それを銅座の配下に入った銅吹屋が売上げることになり、御用銅をすべて南蛮吹・棹吹することになった。さらにこの技術によって銅吹屋仲間は、一七一四年に正徳の貨幣改鋳にともなう銀銅吹き分けを幕府から命じられ、御用を果たすことになった。仲間のもつ技術的役割が評価されたのである。一七六六年に住友が金銀下買の銭屋四郎兵衛とともに品位の鑑定をおこなう銅座糺《ただし》吹《ふき》師《し》となったのも、銅吹屋筆頭として地位と技術が認められたからであろう。

一八世紀になると、佐渡・生野・石見・院内などの主要銀山の生産も低下したため、銅吹屋が南蛮吹によって荒銅から採る銀の相対的比重は高まった。銅から出る灰吹銀も減少傾向にあったが、その量は佐渡金銀山の産銀に次ぎ、生野銀山に並ぶほどになり、幕府にとって重要性が増した。産銅の減退にともなって減少傾向は続いたが、なお石見銀山産銀を上回る灰吹銀があった。だが一八世紀後半に秋田藩が領内の加護山に銀絞所《ぎんしぼりしょ》を設置して秋田銅を抜銀して大坂へ送るようになったため、銅吹屋から出る灰吹銀は、幕末にはさらに減少した（表5-5）。

表5-5　銅吹屋から出る灰吹銀

単位:貫目

年代	灰吹銀高
1700	約800
1709～11	344余～655
1738～41	463～592余
1766～71	年平均197余
1772～76	年平均118余
1857～59	30～39余

明治になって銅生産が拡大すると、南蛮吹によって得られる灰吹銀も増大したはずで、一九世紀末に電気精錬法が普及するまで行われた。

五　住友の銅吹所と『鼓銅図録』

長堀銅吹所の沿革

住友が大坂に来て最初に設置した吹所（精錬所）は内淡路《うちあわじ》町にあった。一六三六年に二代友以《とももち》は、長堀南側一丁目（のちの長堀茂左衛門町）角地を購入し吹所を増設した。のち二度にわたって西隣の土地を買い増し一六八八年には一区画全体を所有するまでになった。一六九〇年に淡路町一丁目から本店・居宅を同地西半に移転し本拠とした。

別子銅山が本格的に稼働し、棹銅売上が二五〇万斤を誇った一七〇〇年前後に精錬設備は最大規模となった。しかし絶頂期は長く続かず、設備は遊休化し始めた。一七二四年の大火（妙知焼《みょうちやけ》）で全焼すると、再建にあたり吹所を縮小し、接待用に東座敷を新築した。大坂城代など幕府高官の見分やオランダ商館長一行の来訪時には、ここで応接した。その後も精錬設備の遊休化と縮小が何度かあって、結局敷地の東半分が吹所、西端に店舗と居宅、中央に接待用座敷という配置となった。

明治になって銅の精錬が大坂の銅吹屋仲間の独占でなくなると、各銅山では現地で精錬をおこなうようになった。別子銅山でも山麓の立川に精銅場を開設し、最終精錬までおこなった。そのため長堀銅吹所の精錬量は大幅に減少し、造幣寮・造幣局に納める銀・銅地金《どうじがね》の精錬に限られるようになった。それも一八七六年には閉鎖され、跡地は本邸の庭園と洋館に模様替えされた。

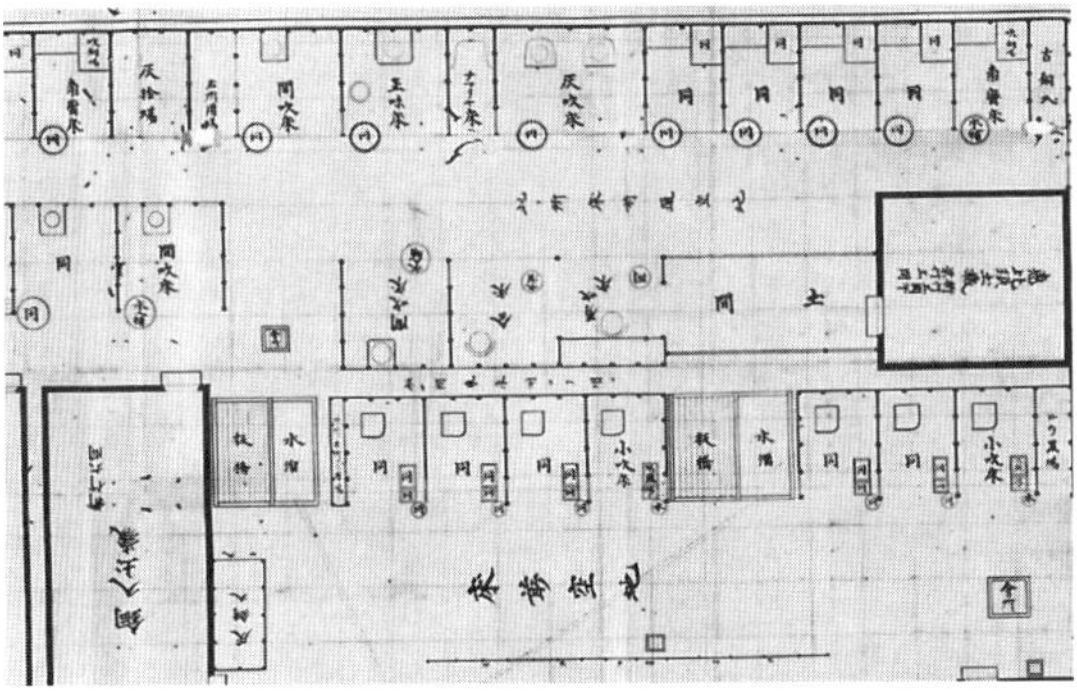

写真 5-3　吹床や土蔵が並ぶ吹所

吹所の設備

吹所内部の精錬設備や資材倉庫、管理棟などの大きさや配置は、大形で詳細な屋敷絵図に記載されている（写真５-３）。幕末期一八六一年の絵図によれば、管理棟が一棟、銅を入れる大きな土蔵五棟と道具類の蔵が敷地内にあり、炭を入れる土蔵二棟が通りを挟んだ東堀浜《ひがしほりはま》にある。精錬設備として吹床は計二四あり、内訳は合床《あわせどこ》一、南蛮床七、灰吹床二、間吹床四、小吹床七、ナマリヤ床一、正味《しょうみ》床一、屑吹床一と工程ごとに多様である。産銅高が多い時代にはもっと多数が稼働していただろう。

吹床は一つずつ壁で区切られた小部屋で、通路に面した側は開放状態である。炉は地面に直径数十センチの穴を掘り、粘土・砂・炭の粉でライニングする（内面を固める）。炉の横の防火壁の陰に鞴《ふいご》を置き、壁の穴に通した羽口《はぐち》の先から炉に送風される。防火壁の上部に庇《ひさし》があり煙突になっている。吹床は通路に面して並び、奥行きは二間（三・六メートル）である。吹床の間口や炉の大きさ、位置は吹床の種類によって少しずつ異なる。作業の様子は後述の『鼓銅図録』に描かれている。

吹所の人員

吹所は本店とは別の店部《てんぶ》として扱われた。ここでは住友の奉公人である手代一〇人足らずが管理事務に従事した。吹所の職務規程「吹所勤方諸仕格《ふきしょつとめかたしょしかく》」によれば、責任者である差配人（支配役とも）と助役のほか、合吹方・鍰吹方（南蛮吹）・灰吹方、間吹方・別子蔵方、小吹方・地吹方、炭方・湯床方、箱帳方・米方、手伝差配方という職務分担があり、手代はいくつかの職務を兼ねていた。

職人たちには、精錬作業をおこなう吹大工、鞴を操作する吹子差のほか、手伝と総称される補助作業に従事する人たちの階層区分があった。吹大工は、合吹・南蛮吹・灰吹・間吹・小吹の作業工程ごとに専門に分かれ、各吹床では吹大工一名に吹子差一名ないし二名と手伝一名が付いた。合吹は銀を含む荒銅に鉛を加え合銅とする工程、南蛮吹は合銅から含銀鉛と鍰銅を得る工程、灰吹はその含銀鉛から灰吹銀を精製する工程、間吹は銀を含まない荒銅から精銅を得る工程、小吹は湯槽の中で湯床を掛けた型枠に溶けた銅を流して型銅（口絵3）

表5-6　吹所の職人と賃銀（1820年）

	人数（人）	賃銀（匁）
合大工	1	3
同鞴差	1	1.5
南蛮大工	6	3.25
同鞴差	6	0.9
灰吹大工	2	1.8
同鞴差	2	0.7
間吹大工	3	3.6
同鞴差	6	2.1
小吹(棹吹)大工	4	6.375
同鞴差	4	3.19
地売吹方大工	2	5.25
鞴差	2	2.625
仕屑吹大工（合吹・間吹兼）		3.6
同鞴差		1.8
仕屑師	29	1〜1.7
ユリもの師（女性）	3	2
留師	4	1.5
	計75	

表5-7　明和銅座の規定吹賃（地売小吹）

単位：匁

大工賃銀（１人）	5.25
鞴差賃銀（１人）	2.625
手伝賃銀（１人）	1
飯代（３人）	2.4
炭代（４俵）	18.8
鉄道具直シ賃	1
土砂・ス灰代	0.5
鞴・革代	0.5
湯床代	1.6
留壷代	0.9
小計	34.575
100斤につき	9.878
加算１割鬆銅雑用	1
加算とも合計	10.878

を作る工程である。別子の荒銅は銀をほとんど含まないので、南蛮吹をおこなわず間吹から小吹にかけた。小吹のうちとくに棹銅を作るのを棹吹、その他の型銅を作るのを地売吹とも称した。

吹床で作業する人員のほかに、汰物《ゆりもの》師《し》、留師《るし》、仕屑師《しくずし》などの職人が働いていた。汰物師は吹床の炉壁や坩堝《るつぼ》に付着した銅分を水《みず》淘汰《ゆり》（鉢などを用いて水中でゆり分けること）して回収する職人、留師は坩堝を作る職人である。手伝とも仕屑師とも呼ばれる職人は、吹床での手伝い、水や資材の運搬、炭を粉砕してス灰をこしらえる、使用済みの炉壁や坩堝を粉砕して水淘汰の準備をするなどの作業を担当した。

一八二〇年の職人の人数は合計七五人であった（表5-6）。職名のなかには表記に若干の違いが見られるが、彼らの一日の賃銀についても示した。当時は三食賄い付で計算されている。工程ごとにかなりの較差があり、なかでも型銅を造る小吹は賃銀が高額で熟練を要した。明和銅座では地売小吹（一日銅三五〇斤吹）の吹賃について表5-7のように規定していた。住友銅吹所の大工や鞴差の賃銀はこの規定のとおりであり、資材や道具とともに経費のなかに職人の賃銀分が含まれていた。土砂・ス灰は炉を作る材料で、湯床とは型銅を作る湯槽の中で木枠の上に掛けられる布である。

オランダ商館長や幕府高官の訪問

オランダ商館長の江戸参府日記には、一六九七年に住友を訪問した際、歓待されたことや、棹吹の様子を詳細に記録している。一七〇六年の訪問記には「優に八〇基の溶鉱炉を数え、そのうち四〇基活動」とある。このようにオランダ商館長一行が、江戸参府の帰途にたびたび立寄って見物した。住友では、商館長一行を西洋式の食卓をしつらえて日本料理でもてなし、土産や餞別の贈答があった。当時珍しい外国人を見物するための群衆が路上に集まり、住友家に縁故のある人々は家内に入り、そのうち諸藩の役人などは座敷で酒食を摂りながら見物し、その他の人々は臨時に設けた桟敷で見物させ、にぎり飯・煮染《にしめ》を供した。見物人は一八〇六年の三〇〇〇人が最多の記録で、一八一八年には二五〇〇人、白米の消費が九斗六升とあって、見物客が入替わり来ると想定すると人数は誇張ではなさそうである。有名なシーボルトは一八二六年に一行の医師として来訪し、旅行記に『鼓銅図録』や鉱石見本をもらったことを記録している。

幕府の役人たちの視察も相次ぐようになった。大坂城代は一七二八年を初発として幕末までに計四〇回、老中の見分は一七四九年を初めとして一四回を数え、そのほか大坂町奉行、大坂城の定番《じょうばん》や大番頭・加番、長崎奉行、大坂目付なども訪れた。御用銅を鋳造する銅吹屋の第一人者としての住友家を幕府高官や関係役人が訪問することは、一八世紀中ごろから定着し、一八一一年に幕府から銅山御用達の名目と住友の苗字使用が許可されると、来訪の頻度はさらに上がった。

商館長や幕府役人の応接は非日常の空間を演出し、相手の格式に応じたもてなしをするものであった。鎖国下にヨーロッパ人の姿は珍しく、商館長一行の見物は大坂の諸階層の大きな楽しみともなっていた。いっぽう幕府役人の応接は、銅吹屋の第一人者としての責任と誇りを内外に示すものであった。こうした人たちを受け入れた住友にとって、来訪はみずからの身分格式の高さを世間に知らしめる機会であった。

『鼓銅図録』の刊行

『鼓銅図録』は、銅山と大坂の吹所の作業の様子を画と文章で説明した木版刷りの本で、一九世紀の初期に住友が刊行した。編集と執筆は増田《ますだ》半蔵《はんぞう》方綱《かたつな》、絵は丹羽《にわ》桃渓《とうけい》である。増田は吹所の支配人で、かつて越前の面谷《おもだに》銅山に勤務し銅山の実地を知っていた。のち本店支配人から老分別家となる幹部店員である。桃渓は名所図会の挿絵などで著名な絵師である。まとめられたのは一八一一年から一六年の間と考えられている。ちょうど住友が銅山御用達の肩書と苗字の使用を幕府から許可され、格式と権威を高めた時期であった。

写真5-4 『鼓銅図録』の扉題字

表紙をめくると扉に「大鈞《たいきん》鼓銅《こどう》」という題字がある（写真5-4）。大坂銅座に勤務した経験のある蜀《しょく》山人《さんじん》大田《おおた》南畝《なんぽ》が揮毫したものである。次いで銅製造の工程が淡彩画と和文入りで説明される。銅山の山元で銅鉱石を採掘・製錬して品位九〇％台の荒銅としたものを、大坂の銅吹屋が品位九九％に精錬し輸出用の棹銅や国内向けの型銅に鋳造し出荷する。その工程に沿った場面が、〔1〕入坑、〔2〕鉱石の採掘、〔3〕選鉱、〔4〕涌水の引き上げ、〔5〕焼竈での焙焼《ばいしょう》、〔6〕鉑吹《はくぶき》、〔7〕真《ま》吹《ぶき》、〔8〕間吹、〔9〕棹吹、〔10〕合吹、〔11〕南蛮吹、〔12〕灰吹、〔13〕淘汰、〔14〕鉛吹と連続する。このうち〔1〕～〔7〕が銅山における工程、〔8〕～〔14〕が大坂の銅吹所における工程である。続いて大坂の工程で使用する道具類の絵があり、さらにその次に、返り点と送り仮名を付けた漢文の「鼓銅録」という説明書がある。そして最後に「浪華　住友氏蔵版」との蔵版記がある。

山元から来た荒銅の精錬は含銀の多少によって方法が異なる。銀が多いものは、南蛮吹によって不純物を除去するとともに銀を採取し精銅とする。この銅を鉸銅《しぼり》と言い、見た目は海綿状である。銀が少ないものは間吹して、薄い円盤状の間吹銅という精銅にする。別子銅ははじめ間吹と南蛮吹を併用したが、一八世紀中ころに銅座の指示で間吹だけになった。そのころ南蛮吹の経費が上昇したため銀の少ない銅は間吹することになった。『鼓銅図録』は別子銅中心の説明なので間吹の次に棹吹を扱い、南蛮吹はその次に置いている。

『鼓銅図録』は和漢両様で分かり易く解説した日本の江戸時代の鉱業技術書として、美しさでも水準の高さでも第一級の書物である。これを住友は銅吹所を視察したオランダ商館長や幕府高官に贈呈した。オランダのライデン国立民族学博物館のシーボルトコレクションには二部現存する。

シーボルトは住友訪問時に贈呈されたと旅行記に記すが、これ以外にも入手したようで、シーボルトの助手を勤め、のち後任の商館医師となったビュルゲルに託して中国の広州に送り、雑誌『チャイニーズ・レポジトリー』に掲載してもらった。それがイギリスの冶金《やきん》学者パーシーの目にとまり、著書『冶金学』のなかで紹介された。こうして鎖国が終わる前に『鼓銅図録』はすでに欧米に知られていた。一九八〇年代になってドイツ語版と英語版が、それぞれ研究と解説を付して刊行された。

コラム　住友銅吹所跡の発掘調査

明治初めに長堀銅吹所が閉鎖された後、跡地は屋敷の一部として使用されたが、第二次大戦末期の空襲によって、一部の建物を除いて焼失し、戦後は福利厚生施設となっていた。

一九八九年、同地の再開発計画が起こり、大阪市文化財協会（現、大阪文化財研究所）によって全面的に発掘調査がおこなわれた。江戸期随一の銅精錬工場の遺構として、発掘は学界や世間から注目された。期待に違わず江戸期の遺構・遺物が多数出土した。この調査によって、江戸期の住友家住宅の絵図が正確に描かれていること、吹所において『鼓銅図録』に描かれたとおりの作業がおこなわれていたことが判明した。その成果は、詳細な解説と図面を備えた『住友銅吹所跡発掘調査報告』として刊行された。

遺構の一部は再開発のため人工地盤の支柱の犠牲になったが多くは埋め戻され、現在、史蹟公園となって「住友銅吹所跡」の石碑が建てられている。公園内には明治期のビリヤード場が現存し、銅精錬炉の展示やミニチュアの銅橋がある。また大阪歴史博物館には、住友グループが寄贈した精巧な模型展示があり、銅吹所の設備と作業風景およびオランダ商館長接待の情景が再現され、操業当時の様子をうかがうことができる。

写真 5-5　住友銅吹所跡発掘現場（大阪文化財研究所提供）

第6章　銅の生産と関連諸産業

一　銅の産業連関をさぐる

外国人の見た銅の普及

明治初めに御雇い外国人として鉱山の近代化を指導した鉱山技師J・C・コワニエは、日本の銅の用途について「銅は可能な範囲においていたるところ鉄に代わっていた」と言い、建築物の金具、橋げた・木組の尖端を包む銅板、船の部材も同様に銅が使われ、寺の鐘や灯籠も青銅製だと述べている（『日本鉱物資源に関する覚書』）。それはヨーロッパ人にとって少し驚きだったようだ。一七世紀のケンペルも「他の国ならば鉄で作る家具や船具なども、ここでは銅で作る」と記し（『日本誌』）、一八世紀のツュンベリーも、一九世紀のシーボルトも、銅製品や銅合金製品の多様さを強調するいっぽう、鉄の値段の高さや量的な不足を指摘している。根底には当時の日本の鉱業における自然的・技術的な限界があったが、対照的に、融点が鉄にくらべて低く、腐食に強く、延展性《えんてんせい》に優れ、しかも光沢を持つ銅を、日本ではうまく成形・加工し用途を広げてきたといえる。

銅地金《じがね》が圧延《あつえん》加工され、あるいは錫《すず》・鉛・亜鉛との合金となって、形ある品物が生み出されていった。その過程にはどれほどの業種が関わっていたのか。銅の生産と加工をめぐる分業のあり方と、住友がどのような位置を占めたのかをみてみよう。

住友の銅事業

江戸時代の住友は、銅の採掘から地金を売り渡すまでが事業の範囲であった。幕府の監督のもとで、住友を筆頭とする大坂の銅吹屋仲間がこの事業を独占していた。この事業範囲を中心に、別子銅山における採鉱から大坂長堀銅吹所における最終精錬までの工程と、それに必要とされる物資やサービスの連関を図示した（図6-1）。他の銅山の鉱石についても、ほぼ同様の工程を踏んで生産された。

できた銅の加工については、銅単体としてあるいは合金として幅広い用途があったが、これらの製造はそれぞれ別の専門業者が担った。住友が銅の加工販売を手がけるようになるの

図6-1　銅の生産工程と商品・サービスの連鎖

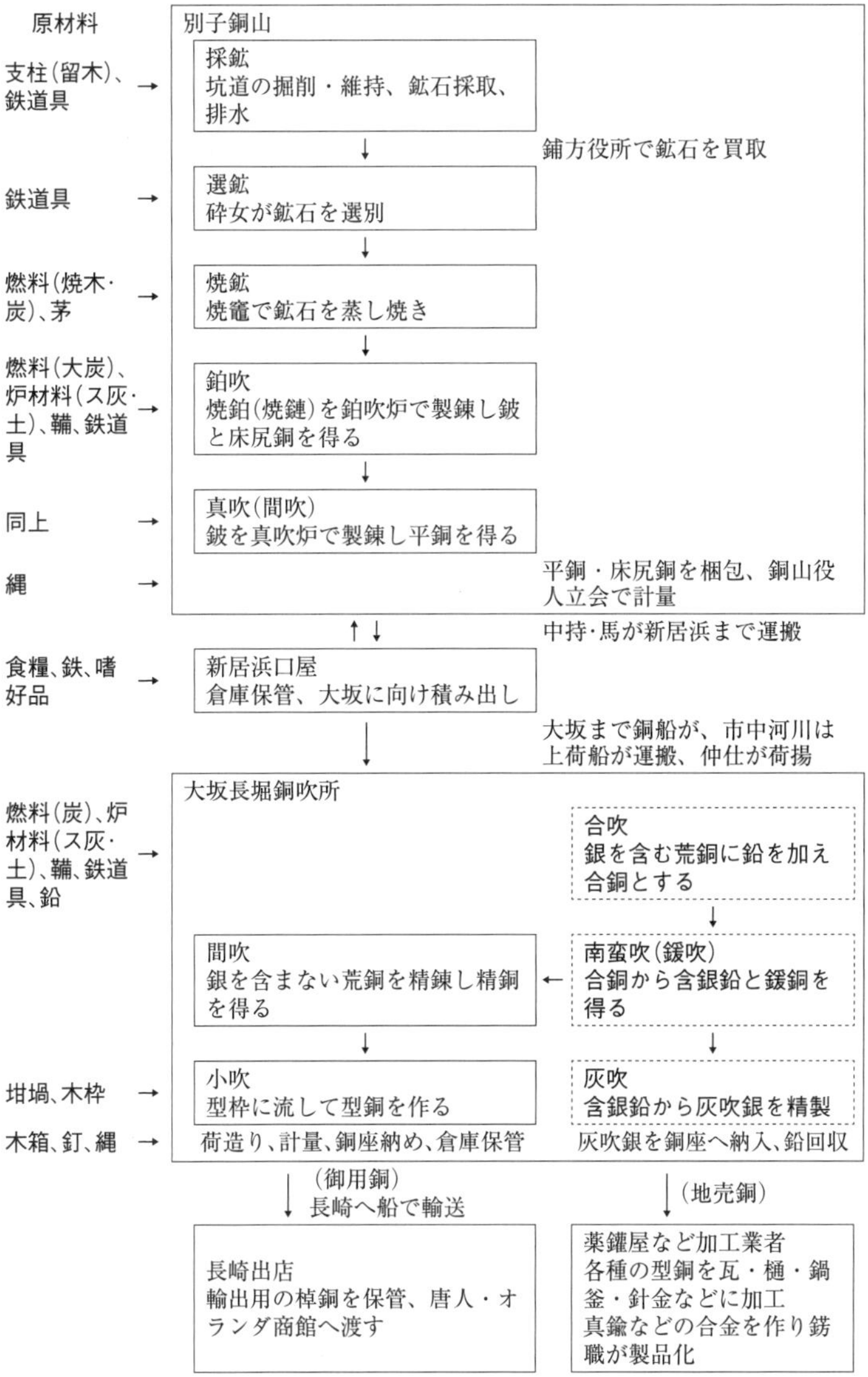
原材料
支柱(留木)、鉄道具
鉄道具
燃料(焼木・炭)、茅
燃料(大炭)、炉材料(ス灰・土)、鞴、鉄道具
同上
縄
食糧、鉄、嗜好品
燃料(炭)、炉材料(ス灰・土)、鞴、鉄道具、鉛
坩堝、木枠
木箱、釘、縄
別子銅山
採鉱
坑道の掘削・維持、鉱石採取、排水
鋪方役所で鉱石を買取
選鉱
砕女が鉱石を選別
焼鉱
焼竈で鉱石を蒸し焼き
鉑吹
焼鉑(焼鏈)を鉑吹炉で製錬し鈹と床尻銅を得る
真吹(間吹)
鈹を真吹炉で製錬し平銅を得る
平銅・床尻銅を梱包、銅山役人立会で計量
中持・馬が新居浜まで運搬
新居浜口屋
倉庫保管、大坂に向け積み出し
大坂まで銅船が、市中河川は上荷船が運搬、仲仕が荷揚
大坂長堀銅吹所
合吹
銀を含む荒銅に鉛を加え合銅とする
南蛮吹(鍰吹)
合銅から含銀鉛と鍰銅を得る
間吹
銀を含まない荒銅を精錬し精銅を得る
小吹
型枠に流して型銅を作る
灰吹
含銀鉛から灰吹銀を精製
荷造り、計量、銅座納め、倉庫保管
灰吹銀を銅座へ納入、鉛回収
(御用銅)
長崎へ船で輸送
(地売銅)
長崎出店
輸出用の棹銅を保管、唐人・オランダ商館へ渡す
薬罐屋など加工業者
各種の型銅を瓦・樋・鍋釜・針金などに加工
真鍮などの合金を作り鋳職が製品化

は、ようやく明治以降のことである。装飾品や貨幣材料、建築用材として、さらに近代にいたれば電線としての大きな需要も加わる。光沢があり、延展性にすぐれた銅の金属特性がさまざまな用途を生み出していたといえよう。

銅と銅山の特色

銅は、金や銀より豊富に存在し、採掘・製錬される量も多い。こうした量的な差が、金銀山と銅山の経営に大きな差違を生み出していたように思われる。住友の探鉱記録「宝の山」に、石見銀山地域の鉱山を実地見分した報告書がある。現地では銀山を経営する者はいても銅山は未開発であると語り、その理由は、銅山の開発には多額の資本を必要とするため出資する者がいないが、銀山は資力のない者でも稼げるからだと述べている。すなわち、少量でも価値の高い銀の場合は資金に乏しい零細な経営でも可能であるのに対し、銅山の開発には多額の先行投資が必要であり、大規模な経営でなければ採算に合わないことを示している。

こうした大規模経営の要は分業と協業にあるだろう。その有利さを考えるヒントとなる史料がある。一八世紀中ごろの様子を伝える「但州《たんしゅう》生野《いくの》銀銅山《ぎんどうざん》之《の》存寄《ぞんじより》」である。生野は豊臣秀吉の時代から銀山として栄えたが、次第に銀産出高が減退し、当時は銀よりも銅の生産が多い鉱山であった。そこでは、小規模な経営の買吹人《かいふきにん》が鉱石を買い取って製錬を営み、灰吹銀と銅を生産していた。右の史料は、彼らのうちに経営に失敗し廃業した者がおり、それに対し大坂の銅吹屋が勘定帳を検討して、収支の改善が可能だと専門的所見を述べたものである。

買吹人たちは、生野地域のいくつかの山の鉱石を取り混ぜて製錬していたようで、鉱石をそのまま製錬することに生野の特徴があった。大坂の銅吹屋は、こうした製錬のやり方や現地でおこなう南蛮吹の技術が銅吹屋より劣るから利益が出ないのだと述べ、鉱石を焼いて硫黄分を除く焼鉱《しょうこう》という工程を導入すれば、採算が合うと計算している。さらに驚くべきことに、鉱石の質が低下して灰吹銀の量が三分の二に減り、銅の生産量が八割あまりになっても採算割れはしないと推計している。

分業と協業の優位

銅吹屋が提案した焼鉱という工程の導入は、技術的な側面にとどまるものではない。そこには、製錬の大規模化を軸にした分業と協業を必然的にともなっていた。というのは、右の史料において、買吹による製錬は四種類取り混ぜた鉱石六〇貫目（二二五キロ）を一日一炉で処理することを前提にして計算され、人件費や材料・燃料費の細目は示さずに吹方費用として一括して計上してある。

これに対し銅吹屋案では、その八〇倍の鉱石量を単位として燃料代のほか、大工・鞴《ふいご》差《さし》・手伝《てつだい》・日雇などの職種をあげ、その人件費も盛り込んでいる。

もちろん両者の製錬量を同一にして収支を比較しているのだが、史料に記された製錬量から見て、買吹の場合は炉一つの家族的経営を前提にしている。いっぽうの銅吹屋案とは、住友や同業者が営んでいたような銅山経営の実績を反映したものであり、生野のように銀山の零細製錬業者から出発した場合とは、技術的にも労働編成の点でも大きく異なっていた。しかも銅山業を兼ねる場合は、採鉱部門や木炭の調達部門においても企業内部に職人集団を抱えて組織化し、さらに経営を有利に進めることができた。右の史料の背景には、分業と協業に支えられた銅山業の優位性があらわれている。

二　銅生産を支えた人々と経済の仕組み

「銅山帳」から見た労働と物流

別子銅山や銅の積出港である新居浜では、採鉱や製錬、製炭や製材あるいは物資の運搬に携わる人たちが多数存在し、住友の銅山支配人・手代の指揮下で彼らの労働が銅山経営を支えていた。ここでは一八世紀中ごろの「銅山帳」という経理帳簿に沿って、稼人《かせぎにん》たちの多様な労働とカネやモノの動きに注目して、分業の広がりと住友によって構築されたその仕組みをみてみよう。

経費の全体は大きく一八項目に分類され（表6-1）、金額的には燃料費である炭代や焼木《やきぎ》代、原料となる鏈《くさり》（鉱石）代、坑道の掘削工事や維持に関わる鋪入目《しきいりめ》が大きな割合を占め、これらの項目で全体の七割近い。

鏈代は製錬工程に投下した鉱石の代銀、焼木代は焼鉱工程で使用した薪代である。採掘した鉱石は掘子《ほりこ》（鉱夫）から山師である住友が買い上げ、そのうち製錬に廻した分がこの鏈代に計上される。おなじく焼木も薪の伐採を業とする焼木伐《やきぎきり》から山師が買い取り、使用量だけがここに計上される。

鋪入目は、坑道を掘り進め、それを維持するための費用である。山留《やまどめ》・かね切といった採掘に関わる労働者や、得歩引《えぶひき》と呼ばれる鉱石を掘場から搬出する労働者、水引すなわち排水のための労働者が動員されている。

製錬設備にかかわる費目が床入目《とこいりめ》で、鉑吹《はくぶき》・真吹《まぶき》用の炉を作り維持する費用や焼いた鉱石

表6-1　別子銅山の経費項目と割合(1764年)

項目	細目	割合(%)
炭代	鉑吹、間吹、ス灰、釜炭	25.9
鏈代		22.5
鋪入目	山留給、かね切、得歩引、水引	16.8
運上	銅運上、口銅、炭運上	6.1
万日用	砕女、鉑撰、ス灰師、小炭師、鏈持、釜大工、風呂焚、夜番、洗濯など(以上、職種や労働の種別ごと)、矢木、辛身板、道具柄、枌板、柱代、持籠、檜皮、板柱駄賃など(以上、材料やその運搬賃)	6.0
床入目	鉑吹、真吹、土代、焼持賃、褒美	5.4
荷物		5.3
焼木代		2.6
銅駄賃		1.6
世帯	新居浜、立川、大田尾、銅山(それぞれ食糧・嗜好品など)	1.6
山小家		1.5
手代遣	(人別記載)	1.3
小買物	銅縄、廿枚切、判紙、白保、釘、銅釘、日記墨・筆、狸皮、吹子、ス灰通、革つづら、合羽	0.8
番所	銅山、東西	0.8
給銀	(人別記載)	0.5
縄筵	大縄、筵	0.5
公用	神祇、仏事、病人、客来酒肴諸入用	0.4
銀駄賃	状賃、飯代船賃、道中遣	0.3
計		100.0

注:経費の総額は銀1,164貫482匁余

を運ぶ賃銭が計上され、製錬実績の優秀者に対する褒美もここにある。製錬用の燃料は本炭《ほんずみ》または大炭《おおずみ》と呼ばれた大形の炭で、鉑吹・真吹の工程別に使用された分の代価が計上されている。このほか、粉状の炭（ス灰）が炉を作るのに土と混ぜて使われ、焼鉱用の焼竈にも釜炭が使用され、鍛冶用の小炭《こすみ》もあった。これらの炭は、炭焼たちが土佐方面まで出かけて製炭し、遠方からは炭山中持《なかもち》・炭中持らによって炭宿を中継して銅山まで輸送された。

万日用《よろずひよう》で一括される労働の内容は幅広く、選鉱過程や製錬関連の諸作業、山内の生活関連の労働力代価のほかに、木・板を名称にもつ各種の用途別木材やその運搬費用などが含まれている。製材の品名が並んでいるのは、木材を切り出す木伐《きこり》（樵）の労働が給銀払いではなく、製品の出来高払いだったからであろう。

銅駄賃は銅の運搬に関わる全費用で、大坂までの船賃や関係役人の接待費用も含む。運搬を担う中持の賃金や馬持の駄賃のうち、銅の運搬に関わる部分がここに計上される。これに対し、荷物というのは、銅以外の物資の運搬経費である。輸送基地である新居浜口屋や立川中宿などの諸経費、新居浜浦の港湾利用税（浜手運上《はまてうんじょう》）もこの項目に含まれる。

小買物はさまざまな消耗品であり、紙類、釘類、鞴の費用が主なものである。縄筵《なわむしろ》は文字通り大縄・筵代のことであるが、銅の荷造り用の縄が計上された時もある。

世帯は山師家内と呼ばれた住友の手代・仲間の食糧・嗜好品の代価であり、山小家は、山内諸所の鉄代や燃料費が主である。鉄は生活・採鉱・製錬用のさまざまな道具に用いられたが、鉱夫の用具は自前であったから、ここで計上されているのは住友が直接消費した分だけである。鉱山や山林の利用税にあたる山手金もここに含まれる。

番所は、監督役所に対するさまざまな費用をまとめている。中味は、幕府の地役人として銅山を監督する銅山役人と、伊予の幕府領を管理する松山藩の川之江代官所および松山の預り所役所に対する出費に分かれる。前者は、二季の心付けや振舞入用と、炭薪代・人足賃がおもな支出である。後者の二つの役所は別子から見て東西に位置するので、その出費が「東西」と呼ばれたのであろうか。内容は来客費用や進物代が中心であり、役所に出向く支配人の出張旅費が含まれる。

公用《こうよう》は、神社への初穂料・御札料・祭礼費用、住友家や手代の年忌などの仏事、病気の手代に対する薬代や湯治費用、医師への薬礼・鍼料がおもな出費である。関係する神社としては、為替取引で関わった伊勢神宮や愛宕社《あたごしゃ》（京都市）のほか、金刀比羅宮（香川県琴平町）や新居浜に近い一宮社の名があがっている。

銀駄賃は通信・交通費に相当し、飛脚賃と手代の諸方への出張旅費である。

以上のほか、御運上は銅運上・炭運上と口銅《くちどう》代の合計で、産銅高に応じて幕府に納めた税である。給銀・手代遣《てだいつかい》が住友の手代や仲間の人件費に当たる。給銀は現地採用者の、手代遣は子飼いと呼ばれた大坂本店採用の手代についての給与であり、両者で支払口が相違していたようだ。

経費を見ていくと、銅山の経営は、直接銅の生産に携わった稼人ばかりでなく、多くの人々に支えられていたことがわかる。銅山を管轄する松山藩や幕府の下級役人たち、銅山での生活を営むための物資輸送や風呂焚き・洗濯などの日用、医療に従事する医師たち、外部との連絡には飛脚や廻船も必要であり、新居浜には物資の買付や運搬を実質的に差配する問屋（藤屋・金子屋）もあった。銅山支配人など幹部たちは松山藩との交渉や手続きのため松山へ出張したが、松山の大年寄八蔵屋《やくらや》が役所との間に立って日ごろの実務を担った。神仏も決して個人的な信仰の対象にとどまるものではなかった。毎年訪れる伊勢御師《おし》や愛宕社使僧の配札、僧侶を招いた法事の執行も、操業の安全や繁栄のためには欠かせないものだった。

食糧の確保

鉱山にとって労働力を集める最大の要は、安定的な食糧確保とりわけ米の供給であった。

賃労働によって米を食べることができる生活が、稼人たちをひきつけた。別子銅山の米の必要量は、銅生産が比較的安定していた一八世紀中ごろで年間一万二〇〇〇石内外であり、これほどの米高を買い集めることは容易ではない。住友は幕府領の年貢米の払い下げを受ける買請米《かいうけまい》制度によってその約三分の二を確保し、残りを独自に調達した。物流という観点から見れば、瀬戸内海運を利用して新居浜を集荷地とした別子銅山の流通圏が米を中心に形成されていた。

すでに述べたように、買請米は一七〇二年に幕府の別子銅山振興策の一つとして始まった。価格的妙味は次第に薄らいだが、一定量の米を確保しつつ代価を大坂で延払いできたことは、依然として有利な制度であった。

買請米を割り当てる幕府領は、伊予のみならず近隣の讃岐（香川県）・備中（岡山県）の幕府領にも割り振られ、各地から新居浜へと廻送され同地で住友に引き渡された。はじめ新居浜までの海上輸送費がかからなかったことも住友にとって有利な条件の一つであった。のち割賦《わっぷ》地域は播磨（兵庫県）・備後（広島県）・美作（岡山県）・石見（島根県）などに広がり、石高の増減によってその範囲も拡大・縮小を繰り返したが、一八世紀終わり頃には伊予と美作に限られるようになった。燧灘に面する伊予の幕府領では沿岸部の河原津・壬生川（以上、愛媛県西条市）・桜井（今治市）・川之江（四国中央市）などの港から、美作米は吉井川河口の金岡と旭川河口の福島（以上、岡山県岡山市）から積み出された。

廻米船

買請米を運ぶ船の規模については、笠岡（岡山県笠岡市）からの例がわかる。一艘あたりの積載量は五〇〜一二〇石で、一〇〇石程度の船が多い。船頭は笠岡・新居浜のほか福山（広島県福山市）・川之江の者もおり、納入責任者として笠岡陣屋支配下の村の庄屋層が乗り込んだ。伊予国伊予郡の幕府領からも新居浜船籍の船によって運ばれた。帆の大きさ一〇端帆《たんほ》（反帆とも書き、布幅で大きさを示した）前後で乗員四名、一〇〇〜一五〇石積の船と、六端帆前後で乗員三名、四〇〜六〇石積の船の二種類があった。備中・備後や、伊予沿岸からの廻米では、こうした一〇〇石積の船とその半分程度の小型船が活躍した。

穏やかな瀬戸内海とはいえ廻米船が難破することもあり、そうした海難史料によっても船の規模がわかる。伊予桑村郡からの近距離の廻米と、備前福島や金岡からの美作米輸送の場合があって、前者は五〇石前後を積んだ二人乗の小型船、後者には四人乗で八端帆一四〇石積から一二端帆二五〇石積までの船が用いられた。美作米の場合、河岸に集荷された米を川船で福島・金岡に積み下し、それを新居浜まで海上三〇里ほどを輸送した。集荷された米をまとめて運ぶため、規模の大きな船が便利であったのだろう。

廻米船賃ははじめ幕府が負担したが、一七〇七年からは入札によって決められた運賃を別子銅山や立川銅山の山師が廻船請負人に対して支払うことになった。近距離は新居浜・笠岡の地元の小型船が担い、備中・備後と新居浜を結ぶ廻米は大坂の廻船請負人塩飽屋甚右衛門《しわくやじんえもん》や尼崎屋新兵衛の定請負《じょううけおい》になった。

しかし割高な請負値段が問題となったようで、一七二九年からは両銅山の山師が共同で出願して直雇いの手船による輸送に変更された。割高な運賃が忌避され、しかも運航に銅山側の裁量がきく直雇いに移行したのである。手船は米の輸送だけでなく、新居浜—大坂間の銅輸送にあたる銅船としても活躍した。銅船の帰り荷には大坂の住友の別家が商う酒や醬油が含まれ、それらが別子銅山に供給されていたことがわかっている。

一八世紀中ごろの記録によれば、住友は米の積出港ごとに独自に船請負人を定めており、運賃は彼らを通じて雇船の船頭に支払われた。当時の積出港としては、伊予の川之江・大町・大洲、備後福山、備中笠岡・玉島、小豆島、石見温泉津、備前福島の名前があがっている。このうち要所には手船を差配する代理人を置き、米に限らず物資の輸送事務に当たらせていたらしい。

銅船の運航

新居浜から大坂へ荒銅を運ぶ銅船の平均航行日数は一〇日間ほどで、最速六日、途中で風待ちや暴風除けのため付近の港に入ることもあって、二〇日を越える航海もあった。銅船は、幕府の御用銅の原料となる荒銅を運んだので、一七〇二年から日の丸の船印を掲げることを許された。積載量は一艘あたり荒銅二五〇丸《まる》を基準とした。一丸の重量は一一〇斤弱（六五キロ）で、一艘に一六トンあまりを積んでいた。

ここでも数少ない難破の記事によって船の様子がわかる。一七五六年に新居浜の井筒屋忠七の船が兵庫沖で風波に遭い、積荷の一部を失った。船は銅二二〇丸と白米一〇俵を積み、船頭惣左衛門ら水主四人が乗り組み、帆は九反帆、日の丸印大小二本を携えていた。銅の積載量は標準より少ないが、白米を一〇俵も積んでいたのは住友本家宛てに積み送ったもので はないかと推測される。帆の反数からみて、銅船は一〇〇石積み程度の船だったと考えられる。

ところが、一八四〇年代には、三〇〇丸を越える積載量の船が出始め、逆に少数だが一五〇丸以下の船も混在するようになる。後者が飛船《ひせん》と呼ばれた小型船である。幕末期には銅船の積載量は増加傾向にあって、その一つ伊勢丸は新造されたあと四五〇丸を越える銅を運んでいるので、新造の機会に大型化が進んでいたと推測される。

このほか大坂から長崎へ御用棹銅を輸送した船も銅船と称したが、こちらは銅吹屋仲間や長崎御用銅会所・銅座が廻船問屋を差配して調達した廻船のことで、肥前や大坂・堺あたりの船が多かった。

財・サービスの調達と金融

鉱山都市における銅生産と生活を維持するため、必需物資の在庫を調整したり、遠く土佐の山々でおこなう製炭を管理したり、輸送にあたる人々や馬・船を手配したりと、先の見通しをもって全体を運営していくことが必要であった。大坂から遠く離れた生産の現場ゆえに、こうした財やサービスを円滑に調達し当座の運転資金を確保する仕組みが構築されていた。買請米制度によって、住友は現物米を新居浜で受け取り、代価を大坂で延払いすることができた。物流と金融の両側面から見て、山師にとって極めて有利な制度であった。酒や醤油についても大坂の住友の別家から仕入れ、代価は新居浜で為替に取り組み、大坂本店から仕入れ先に支払う方法がとられた。こうした為替取組のなかで、新居浜の領主である西条藩の代官から大坂の掛屋《かけや》米屋平右衛門宛ての送金為替が最大のもので、新居浜近辺の年貢売却代が為替として取り組まれた。ここには別子銅山への払米《はらいまい》代価や、多喜浜《たきはま》塩田の塩代価も含まれていたと推測される。

為替を利用した代価決済とともに、幕府からの拝借金を利用して、財やサービスを生産者や稼人から直接調達する方法もとられた。たとえば一八世紀初めに住友では幕府から銅山振興のため一万両の拝借を許可され、それを原資に大坂や江戸あるいは伊予において幕府拝借金として一種の名目金貸付を展開したことが知られている。

伊予宇摩郡のある村に対する証文を見ると、米貸付の形式をとりながら実際には拝借金を貸し付け、収穫期の九月に米で返済を受ける内容になっている。ほかにも、年貢を払えず拝借金を借用し代わりに得歩《えぶ》（坑内から鉱石を運び出すときに用いる蔓で編んだ籠）の代価で返済するとした例、炭焼に対し炭代銀で返済させるとした例、博労《ばくろう》（馬の取引業者）に馬の購入代銀を貸し付け駄賃で決済するとした例がみられる。いずれも前貸しによる物資やサービスの調達であったことが共通している。

原資も時期によって変化し、買請米やその代銀、涌水手当や災害復旧などさまざまな名目で拝借した米・金銀などを貸し付けている。重要なのは幕府から拝借した資金であるという名目であり、住友は継続して拝借を受け、権威を背景とした確実な貸付を展開した。大口では、造船費用を貸付け銅などの船賃で返済させたり、年貢を代納する代わりに馬子《まご》や中背《なかせ》たち（運搬夫）から駄賃や運搬労働で返済させた例も多く、前貸しによるサービスの調達が恒常的におこなわれていたのである。

三　銅精錬と産銅経費

長堀銅吹所の作業と必要物資

大坂の河口に到着した荒銅は、小型の川船である上荷船に積み替えられて長堀の銅吹所（精錬所）に運び込まれた。これも住友の所有船であった。銅を運ぶ荷役《にやく》は、すべて住友が抱えていた専属の銅仲仕《なかし》が担った。屈強な彼らは普段は荷役業務をこなしたが、火災など非常時には住友の人足として運搬・救助・消防に活躍した。

銅吹所では、吹所差配人のもと一〇名足らずの手代が管理事務に従事し、精錬作業に携わる吹大工、鞴《ふいご》を操作する吹子差のほか、手伝と総称される補助作業に従事する職人たちが働いていた。吹大工は、精錬の工程ごとに専門に分かれ、大工一名に吹子差一名ないし二名

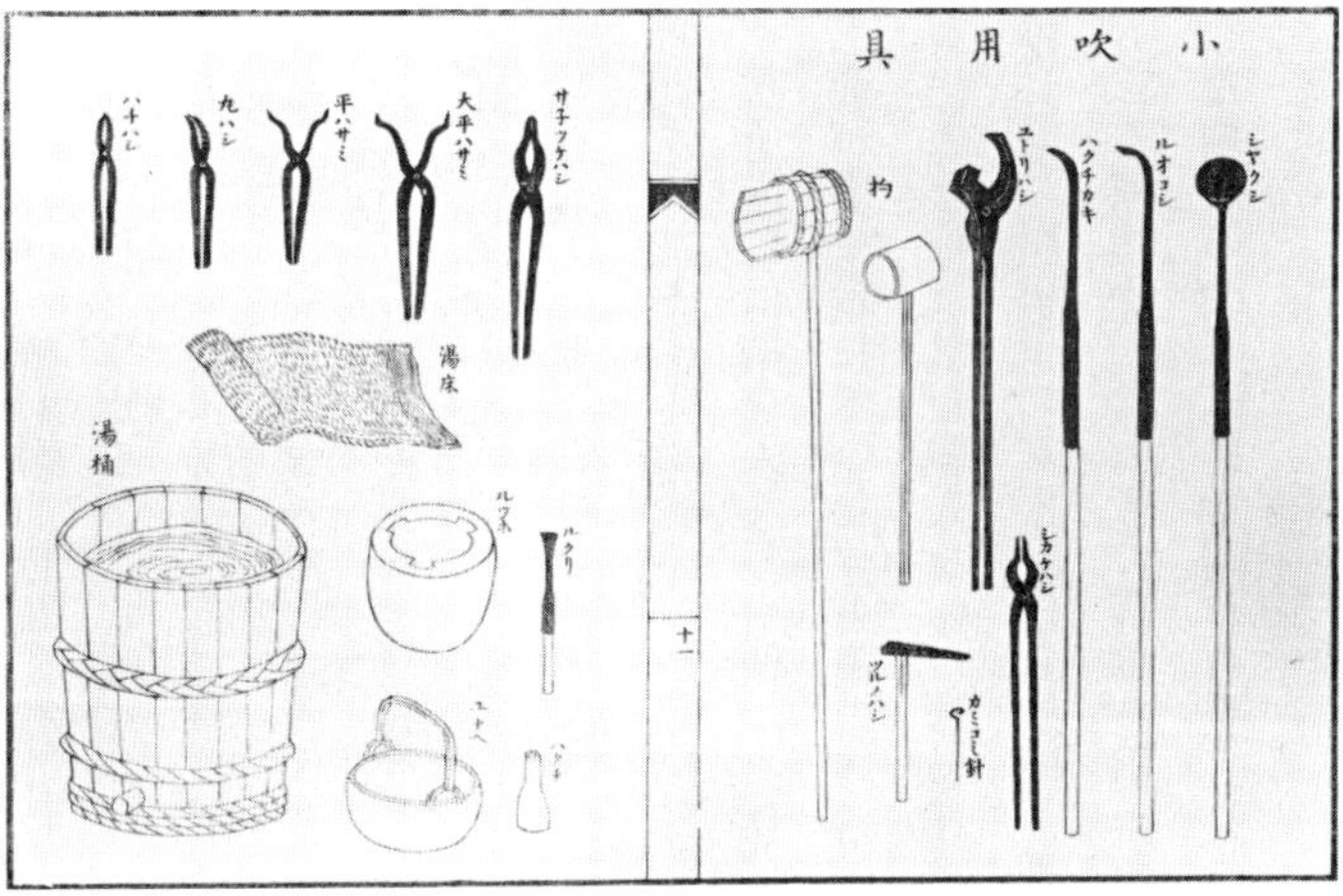

写真 6-1　小吹用具（『鼓銅図録』）

が付いた。

工程ごとの作業の様子や用具については、『鼓銅図録』が細かく描いている（写真6-1）。銅を溶解し製品に仕上げるためには、土やス灰（炭の粉）を混ぜ合わせて固めた精錬用の炉、燃料としての炭、送風機である鞴、その可動部に使われた狸皮、銅を熔かす坩堝、銅を扱うさまざまな鉄道具、型銅を作るための小吹模《こぶきかた》と呼ばれた木枠、その上に掛ける湯床などが必要とされたから、これらを扱う商人たちと取引があった。吹所でも鉄道具は職人の自前であって、住友は損料について負担したようだ。型銅ができあがれば、荷造り用の箱・釘・縄などが必要だった。

使う材料にも指定があり、炭は、工程ごとに作業の特性に合わせ、産地や質の異なる炭が選ばれた。合吹・棹吹には日向炭、南蛮吹は伊予炭や熊野炭、灰吹・小吹には土佐上々炭といった具合である。リサイクルも確立していた。銀を分離するため加える鉛も貴重な材料で、灰吹の工程で銀を取り出したあとの留粕《るかす》から鉛が回収された。使われた鉛の六五％くらいが得られたという。銅についても回収作業がおこなわれ、使用済みの坩堝などの道具、精錬途中で出てくる鉱滓《こうさい》、炉の土などは仕屑《しくず》師という職人が石臼で砕き、汰物《ゆりもの》師がゆり鉢を使って水で選別し、銅分を集めて再精錬に回された。仕屑師や汰物師、坩堝を作る留師《るし》、吹床を作る土《つち》師《し》も手伝に含まれたが、諸工程で出る微細な銅を再精錬したのは剝吹《はげふき》屋と呼ばれる出入りの専門業者であった。

吹所内には銅を入れる土蔵があり、また屋敷周りの堀川に沿って、炭や米を入れる大きな土蔵が建てられていた。土蔵の修繕はしばしばおこなわれ、そうした機会には住友家の普請方出入と呼ばれた職人たちが雇われた。大工の宇田屋、手伝の奈良屋平兵衛、左官の伏見屋勘兵衛、屋根屋の家根屋伝右衛門、畳屋の利倉屋喜右衛門ら親方の名前が知られている。おもに本家建物や掛屋敷の普請を担った彼らが、必要に応じて動員されたと推測される。こうした施設の改修にまで関わる職人を含めると、銅生産に関わるすそ野はさらに広い。

生産費の把握

別子銅山では生産物である銅やその中間製品を含め、財やサービスの管理のため部署ごとに多くの帳簿が作られていた。炭・焼木・米・酒・材木など品目ごとの買入帳や受払帳が作成されて物資の在庫管理がおこなわれ、部署や職人の種別ごとに仕役《しやく》帳や顔附《かおつけ》帳によって労務管理が実施されていた。こうした文書による管理のやり方を確立したことによって、江戸時代には稀な大規模産業として別子の銅山業が成功をおさめたということができよう。

現場の帳簿をもとにまず部署ごとの決算簿が集計され、さらにいくつかの段階をへて前述した「銅山帳」のような最終決算簿が作成された。帳簿の末尾では、経費の合計から、稼人たちへの食料ほかの販売利益など現地における収入を差引いて実質的な生産費を計算し、それを生産された荒銅高で割って銅一〇〇斤（六〇キロ）当たりの経費を算出している。また歩留《ぶどま》り（原料に対する製品の量の比率）を見る指標として、鉱石一〇〇〇貫目（三・七五トン）あたりの荒銅生産高も算出していた。この決算簿が半期ごとに大坂の本店に届けられ、別子銅山の生産動向や生産コストが把握された。略式の決算簿の写は元禄の開坑ごろから断片的に残っているので、同様のやり方が早くから銅山の現地事務所や大坂本店でおこなわれていたことがわかる。

また大坂本店では別子の産銅高に応じた銅・炭運上を幕府に上納する必要があり、年末に合わせて、銅山から三カ月ほど前に年間の産銅予測を書類として提出していた。一八世紀中ごろ以降年間七二万斤（四三二トン）の荒銅売上を幕府から要請された銅山の現場では、採鉱と製錬を計画的に遂行することが求められ、毎月の実際の採鉱高・製錬高と銅山役人が計量した運上の基礎となる産銅高との調整をはかる書類も定期便で本店宛に提出していた。突然の災害や涌水によって生産高が減少することもあったが、このような生産管理の緻密な方法が見事に安定的供給を実現させていた。

最終精錬を経た吹銅の生産費は、別子からの荒銅生産費に長堀銅吹所における精錬費用と箱詰めなどの梱包費を加算して算出された。最大の製品である輸出用の棹銅の場合、幕府・銅座の買取価格はほとんど一定であったから、こうした製造原価の計算方法が早くからあみ出され、コスト意識を高める結果になった。

四　銅の加工とその用途

都市の工房跡と銅製品

日本において銅加工は長い歴史を持つ。古代から鏡などの装飾品や仏像・仏具に用いられ、中世以降は商品経済の発展とともに銅銭が大量に流通した。錫・鉛との合金である青銅製のものが多く、その痕跡は近年発掘が進む中世都市の工房遺跡に見ることができる。京都、博多、鎌倉、堺など、鎌倉時代から戦国期にいたる、銭を含む銅器の製造遺構が数多く発見されている。

一六世紀末には、真鍮（黄銅）が鉄砲の弾丸発射装置「からくり」と呼ばれる金具に用いられるようになり需要を伸ばした。真鍮は銅と亜鉛の合金で、純銅に比べて加工しやすく、黄銅と呼ばれるように黄色に発色して見栄えも良い。だが日本では亜鉛を精製できず、真鍮を生産することができなかったので、一六世紀末までは仏具などの黄銅製品や真鍮地金が輸入されていた。亜鉛は海外に依存せざるを得なかったが、鉄砲における需要が引き金となって、真鍮の国産がようやく世紀の変わり目頃から始まったといわれる。たとえば一七世紀後半の真鍮の工房遺構が京都で発掘されている。

伝統都市の工芸品

こうした伝統を受け継いだ京都は、一七世紀初頭から金属加工の先進地であった。この時期の俳諧書『毛吹草《けふきぐさ》』は、京都の名産として各種の絹織物や「金銀銅真鍮飾細工」と総称される貴金属加工品を掲げており、刀剣の拵えなどはその粋を集めた総合芸術品といえよう。とりわけ銅関連品については、無車小路《むしゃのこうじ》の指金《ゆびがね》細工、二条や粟田口のキセル、釜座の「銕《てつ》唐金《からかねの》鋳物《いもの》」、六条の仏具、桜馬場の薬罐《やかん》細工などがあげられ、近郊の白川では真鍮「瑠土《るつち》」（坩堝の土）が採れた。

ついで『京雀《きょうすずめ》』（一六六五年刊）では、二条通のキセル、三条釜座の鋳物、東洞院通の薬缶屋（写真6-2）、油小路通の仏具屋が、業者が集まる地域として有名であり、『京《きょう》羽二《はぶた》重《え》』（一六八五年刊）にいたれば、仏具屋は東西本願寺内近辺に範囲を広げ、土産物に重宝なキセルの製造販売は三条通や伏見街道など京都の出入り口付近を中心に市街各所に見られるようになった。ほかに針がね屋や針がね細工の職名も出ている。

写真6-2　やかん屋の店先（『京雀』）

キセルをはじめ真鍮に対する需要は高まっていたと思われ、『京雀跡追《あとおい》』（一六七八年刊）には二軒の真鍮屋が、『京羽二重織留《おりどめ》』（一六八九年刊）には問屋六軒の名前が掲載されている。うち五軒が二条通付近に点在し、残る一軒は五条大橋東入ル町にあって、いずれもキセル屋の立地に近いところにあった。

京都における住友の銅供給

　キセル職人や真鍮屋の立地を、住友による銅の供給と関連させると興味深い。住友家二代友以《とももち》の実弟忠兵衛の吹屋（二条高倉西入ル町）や友以の出店（東洞院押小路下ル町）は、キセル職が多い間之町《あいのまち》通二条〜押小路間に近い地域にあった。また三条大橋から粟田口にかけての三条通沿いもキセル職の多い町として知られる。のちの史料だが、真鍮屋仲間年行事丸屋宗吉が青蓮院《しょうれんいん》代官宛に提出した「真鍮吹方濫觴《らんしょう》書」（「華頂要略」）によれば、京都における延《のべ》真鍮吹方の始まりを鱗形屋嘉左衛門《うろこがたやかざえもん》とし、その親類伊兵衛が一六四〇年代に粟田領（青蓮院門跡境内）で真鍮吹職を始め広まったという。三条大橋東詰め孫橋町に設けた友以の吹屋は、キセル職や真鍮屋への原材料供給を担っていたのではなかろうか。

　呉服商として有名な大丸（大文字屋下村）には、京都の下本能寺前町に金物店があって、神具・仏具や建築用の装飾金具を商っていた。この店は一八世紀中ごろに富士屋九兵衛から買収したもので、すでに一〇〇年以上の老舗であった。富士屋は住友との取引が緊密であったと伝えられ、墓所も住友の菩提寺のひとつ永養寺（寺町高辻上る）にあった。住友家初代政友が富士屋を屋号としていたことを考えると、富士屋九兵衛は富士屋住友家の別家筋ではないかと推測される。富士屋九兵衛は明治期にいたるまで金物・仏具商として活躍し、幕末期には京都の古銅売上人の筆頭に顔を出す。京都における住友製銅の加工販売が富士屋の一統に担われていたのであろう。

大坂の銅精錬と銅加工

住友の大坂への進出は、一六二三年に二代友以が内淡路町に銅吹所を開設したのに始まり、のちの本拠地となる長堀茂左衛門町に吹所を新設したのは一六三六年であった。一七世紀中ごろにはオランダ商館長の日記の中にも「泉屋理兵衛」(友以)の名前が有力な銅商人の一人としてあらわれる。大坂夏の陣後に都市が再生していく過程で、銅精錬やそれを扱う商人たちがたしかな地歩を固めつつあった。

大坂は輸出用の銅を中心とした一大生産地となり、一七世紀後半になると銅精錬業や関連の職種・名前・場所が地誌類で確認できるようになる。『難波すずめ』『難波鶴』などに、銅吹屋(長堀・四つ橋・道頓堀)のほか、針金屋(道頓堀堺筋東)・かざり屋(心斎橋長堀)・薬罐屋(天満難波橋西)といった加工業者、銅網を使った通しなどの器物製造(瓦町中橋筋)、精錬用の鉛を扱う業者（今橋二丁目、平野町・瓦町）について、集住地域や有名な店舗が掲載されている。

『難波丸綱目』（一七四八年刊）にも、針がねは南鍛冶屋町、飾道具は心斎橋南・新町西、銅道具は天満薬罐屋町・心斎橋 錺屋《かざりや》町・二丁目筋があがっている。このうち天満薬罐屋町は固有の町名ではなく、薬罐屋の名称で代表される銅加工業者が集まる地域の通称であった。このほか鉛は、棹鉛が一丁目筋の平野町から長堀までと記され、業者がこの通に点在していたようだ。同書では別に銅鉛問屋六軒があがっている。

写真 6-3　舳先の船飾（『摂津名所図会』）

銅加工業者は、天満と、銅吹屋の所在地に近い島之内およびその周辺に集まっていた。京都は宗教都市にふさわしく仏具の製造が盛んであったが、水上交通の要衝として発展した大坂では造船に関わる船飾の製作が特徴的であった。近世日本を代表する弁才《べざい》船についていえば、船首を飾る水押《みよし》には木目の美しい楠が用いられ、先端部分は銅板造りの化粧《けしょう》金《がね》で包むのがふつうであった（写真6－3）。目立たないが、部材の小口には銅板による被覆・飾りが施されていた。

江戸の銅製品と流通組織

一七世紀後半には江戸においても銅細工が盛んだった。『江戸鹿子《えどかのこ》』（一六八七年刊）には、日本橋・神田あたりの金物業者が集積する地域や名匠の名を掲げている。武士の町江戸は、刀の装具関係に特色があった。住友はこのころ江戸に進出し、関係業者にも近い中橋上槙町に出店を設け、銅を中心に加工用の金物類全般の販売を始めた（第7章参照）。

一九世紀の商工名鑑『江戸買物独案内《ひとりあんない》』（一八二四年刊）には、銅関連の業者として、万打物《よろずうちもの》鉄物一軒、釘鉄銅物問屋四四軒、金物類卸二軒、万金物細工所一軒、鈴金物小細工職一軒、銅鎮鍮《しんちゅう》物数品一軒を掲載している。一七世紀と比較して、金物全般を扱う流通の要として釘鉄銅物問屋の一団が勢力を伸ばしていたことがうかがえる。すでに一八世紀後半の問屋組合人数の書き上げには、鉄釘銅物類問屋・釘店組一七人、釘鉄銅物問屋・鉄店組四四人との記載があり、鉄釘問屋が扱う商品のリストには、銅の瓦板・長延板《ながのべいた》・釘が含まれていた。幅広く金物を取り扱う問屋が流通の中核にあったようだ。

五　古銅《こどう》の流通

産銅の漸減

一七一四年に幕府が集計した大坂への移入品リストによれば、銅は三二五二トン弱で価額は全体のなかの四位、それが一七三六年の同様の記録では銅一八三〇トン弱、価額七位に後退している。いっぽう一七一四年の移出品のリストによれば、万銅道具や唐金鋳物の価額はわずかであり、貿易用の長崎下り銅が三〇〇〇トン、価額三位（移出品全体の七％近く）と圧倒的割合を占める。一八世紀の初めはまだ日本の産銅高が多く、輸出銅が量・割合とも大きい時期であった。

これに先立つ一六九三～一七〇〇年に大坂の銅吹屋が売り出した国内向けの地売銅は年平均九四八トン余、月平均七九トン余であり、内訳は当時稼働中の京都糸割符仲間の銭座用に約三六トン、京都・大坂の真鍮屋と鋳物師の使用に鉸《しぼり》銅一九トン余、京都の銅仲買と薬罐屋細工人に一三トン余、同じく大坂の銅仲買・薬罐屋細工人に九トンとなっている。大坂は輸出用棹銅の生産地として銅吹屋仲間を中心におおいに発展したが、京都では仲買が独自に古銅（中古の銅）を買い集め、細工向きの銅需要を背景に銅流通の要となっていた。

一八世紀になると全国的に産銅高は漸減し、輸出銅高は抑制され、銭も銅銭から鉄銭へと材料を変えつつあった。国内向けの地売銅の価格が上昇していくなかで、古銅が注目されるようになった。

古かね屋の取締

古銅は古道具屋が扱うことが多く、そのためまず警察的観点から取締がおこなわれた。大坂では早くから古金《ふるかね》を買い取る商人への統制がおこなわれ、一六四五年に盗品を買い取らない旨の誓約書を出させて仲間として把握した。『難波丸』（一六九六年刊）によると、古鉄屋は一〇一〇人を数え、心斎橋筋・松屋町筋・太郎右衛門橋筋・二丁目筋・難波橋筋・日向町筋に多く居住していた。彼らが扱う金属には銅も含まれていた。一八世紀中ごろの『難波丸綱目』では、古鉄古道具仲間として中買人数は三二〇〇人を越え、九二の番組に編成され組ごとに組頭をおいていた。

江戸においても、新橋南西新道通・御堀はた通・永富町通に「古かねや」が見える（『江戸鹿子』）。取扱品は鉄・銅であって、こうした業者の存在は、おもに細工物として受容された銅の古物を回収して再利用することが広くおこなわれたことを示している。まだ古銅を再精錬することに規制はなかった。一七二三年には古鉄屋・古鉄買が組合の結成を幕府から命じられたが、これも盗品捜査のためであって、古銅の統制とは無関係であった。

古銅の流通統制

古くから銅製品が普及していた京都では、銅仲買は古銅の仲買として発展したといわれる。一八世紀中ごろの京都の鏡屋・仏具屋・鋳物師仲間と真鍮屋仲間の遣《つかい》銅高二七六トン余のうち、新銅・古銅の割合はおよそ一対三であり、古銅は細工向きの銅として需要が高かった。

一七六六年、大坂に第三次銅座が設置されると古銅もその専売となったが、流通経路の複雑な古銅は統制するのがむずかしく、銅座へ一極集中させることは不可能に近かった。そのため幕府は、一七九四年に大坂・京都において古銅や切屑銅などの流通統制を命じ、翌年には伏見・堺にその施行範囲を広げた。

江戸でも統制が進む。幕府は一七九六年に古銅吹所を設置し、江戸および関東・東国の古銅類取締の拠点とし、精錬は四分の三を大坂の銅吹屋が交替で務め、残りを江戸の吹屋四郎兵衛が請け負うことになった。一八三七年に設立された別段古銅吹所の方は、江戸商人松田甚兵衛の経営で、東国の銅山の銅滓《どうさい》などを再精錬した。

古銅吹所が設置された時の請書《うけしょ》（誓約書）には銅仲買銅屋仁兵衛ほか三〇人が署名し、一八四二年の株仲間廃止時の請書には銅仲買銅屋嘉七ほか三五人が署名、一八五二年の仲間再興時の名前書には古銅吹所附銅仲買一二人、別段古銅吹所附銅仲買一五人の名前が見える。彼ら仲買のうち古鉄屋は二五人、古鉄買が二人であり、うち一八人が釘鉄銅物問屋に名を連ねていた。また同年、八品《はっぴん》商売人と総称された古物商が再興されたときの調査によると、江戸全体で古鉄屋は九六四人、古鉄買は一〇四七人の多きにのぼった。彼らのすべてが銅を扱ったわけではなかろうが、回収から再生にいたる古銅流通のすそ野は広く、その中心に釘鉄銅物問屋がいたのであろう。

写真 6-4　銅延職（『冶銅編』）
（慶應義塾図書館所蔵）

こうした問屋の下に銅加工職が営業していた（写真6－4）。一八五五年、火災によって類焼した江戸城本丸御殿の銅瓦調達のため、三都の銅延職人にその製作が命じられたが、江戸では小伝馬町の鉄銅問屋銅屋十郎兵衛が請負った。十郎兵衛は古銅吹所出入の一軒である。このとき御用職人一四人に幕府から手当金が支給され、その分布は釘鉄銅物問屋が多い日本橋・神田にほぼ集中している。おそらく彼らは問屋の下請けであったろう。

そして北多摩郡膝折村（現、埼玉県朝霞市）では、農間余業に銅針金を作っていた者が下請けを出願し加わった。彼らは水車を利用して針金を作っており、のち同地で水車伸銅《しんどう》業者として専業化していった。明治以降、水車を動力とする伸銅は京都近郊の白川や大阪近郊の枚岡《ひらおか》でも盛んにおこなわれるようになり、新たな動力を得られる土地で事業展開していった。

このように銅産出量が減少しても、リサイクル品を加えて銅加工業は発展していた。だが大坂の銅吹屋仲間の精錬業は、銅産出量の減少に加え、明治維新以降は山元での銅精錬も認められたから、経営が次第に苦しくなっていった。そのなかで住友は、鉱山の近代化と銅加工業への進出を視野に、一貫生産メーカーとして踏み出そうとしていた。

コラム　船と銅材

銅が和船を飾ったことはよく知られている。弁才船の船首を飾る化粧金・甲金《かぶとがね》はその名の通り新装船の美麗を誇る象徴であり、櫓床《ろどこ》や船尾の知里《ちり》（構造材の一つ）の小口を隠す頭巾金物もあった。実用的な用途としては入頭《にゅうとう》という銅板があった。船体の部材の結合に用いた鉄釘の頭に埋木をして、外から見える部分にはめ込んだ小さな銅板である。耐食性に優れた銅板は被覆として用いられた。

こうした細かな構造は阿波藩蜂須賀《はちすか》家の鯨船の解体修理によって明らかになった。船の規模や用途によって銅の使用量には大きな差があったろうが、船用の銅は国内需要の少なからぬ部分を形成しただろう。大坂西船場には解船《ときふね》屋という専門の業者がいて老朽化した船を解体したが、銅が回収され再精錬されて甦ったことは想像するにかたくない。

いっぽう外洋を航行する海外の大型船には、銅板や銅釘として相当量の銅が使用されていたらしい。一八〇四年、長崎に来航したロシア使節レザノフは、自船ナジェジダ号修理のため銅板の支給を幕府に要求した（『日本滞在日記』）。このとき用意された資材のなかに銅板四〇〇枚と銅釘四五キロが含まれていた。幕末開港後、日本側は修理のための銅板・丁銅《ちょうどう》（銅板の材料となる矩形の銅）を開港場において用意する必要に迫られた。下田奉行は老中に上申し、銅のし板四八三枚（二一七キロ余）、地丁銅一八〇キロ分を準備しようとした。だがこの量は、あくまで補修用にすぎない。

写真6-5　旭日丸（船の科学館所蔵）

箱館奉行は外国船のために用意すべき銅について、幕府の命で水戸藩が建造した旭日丸に使用された量を基準にすることにした。旭日丸は、一八五六年に竣工した三本マストの大型帆船で、排水量は七五〇トンと推定され、当時最大級の軍艦であった。これを基準に丁銅二八・一二五トン、銅のし板五五〇〇枚（二・六七九トン）が用意された。木造の大型帆船では実に一艘三〇トン近くの銅を使用していたのである。

第7章　住友の江戸進出

一　銅商いと吹所の経営

巨大都市江戸の発展

関ヶ原の戦いに勝利をおさめた徳川家康は、一六〇三年、征夷大将軍に任じられ、江戸に幕府をひらいた。かつて家康が居城を定めたとき、この地は、荒れた小村に過ぎなかったが、神田の山を削り、入り江を埋め立てて、少しずつ町の整備が進められた。

江戸は、将軍の居所に定められたことにより、政治都市として重要度を高めた。全国各地の大名はもとより、旗本や御家人などの武士が、集まって暮らしはじめると、彼らの生活を支える商人や職人が多く入り込んで、都市はますます拡大し、賑わいも増していった。

そのようななか、一六五七年正月に発生した、いわゆる明暦の大火は、市街地の半分以上を焼失し、実に一〇万人以上の死者を出す、大惨事となった。幕府の復興事業では、火除地《ひよけち》の整備など防災への取り組みをおこない、あわせて都市の大改造を断行した。このとき、江戸の町域は、隅田川を越えて東へと拡大した。人口も大きく増えて、一八世紀初めごろには一〇〇万人に達した。一説によると、この数値は当時の世界一だったという。

都市の規模が拡大した結果、江戸は、全国最大の消費地として、重要な位置を占めるようになった。当時、経済的な先進地域だった上方と、東北・関東地方の生産地を結ぶ、中継市場としての役割が求められたのである。住友が江戸へ進出をはじめたのも、ちょうどこのような社会・経済の変転期のことだ。

江戸店の開業と銅商い

一七世紀の終わりごろ、わが国の銅生産高は、ピークを迎えた。住友でも東北地方での銅買付や、銅山経営の必要に迫られ、江戸での活動をはじめた。正確な時期こそ不明だが、古い史料には、一六七二年のものがある。三右衛門という名の江戸詰めの奉公人が、石巻（宮城県）在住の商人から銅を買い、途中、秋田へ立ち寄ったという記事である。

江戸での最初の拠点は中橋上槇町（東京都中央区日本橋三丁目）に置かれた。一六七八年十一月、ここに土地を購入し、中橋店を開設する。約二〇年後には、隣地を買い増し、幕末まで営業を続けた。

中橋店が各地から購入した銅・錫《すず》などの金物類は、江戸の商人へと小売りされ、大きな売上高を誇った。なかでも、銅製品（丁銅《ちょうどう》と呼ばれる、四角い形状に延ばした半製品など）の取り扱いが圧倒的に多かった。当初、中橋店の収益の割合は、金物類の販売が六割近くを占め、次いで家賃が三割弱、製錬が一割強、の順であった。

他に、長崎経由で輸入されたものと思われる、錫・トタン・南蛮鉄も販売した。当時は、金物類が貴重だったので、使用済みの古物もリサイクルに回された。「屑銅」などと呼ばれ、住友を含む多くの商人がこれを取り扱った。

消費都市江戸の銅流通

一七〇一年当時、住友が江戸で所有していた銅商売関係の屋敷と、そこにつとめる手代の名を書いた史料が残っている。それによると、中橋店のほか、別宅を大門通り（東京都中央区日本橋堀留町付近）に構えていた。ここは江戸時代を通じて、小売の銅物屋や馬具師などが数多く軒を連ねた商業地であった。金物商売を円滑に進めるうえでも、中橋店にとって、都合のよい場所なのである。

一七世紀後半には、江戸においても銅関連の職種が確認できる。『江戸鹿子《えどかのこ》』（一六八七年刊）は「金物之類」「きせるや」「仏具や」「かさりや」「屋くわんや《（薬罐）》」など、日本橋・神田周辺の業者が集まる地域を掲げ、さらに名匠として鏡師四人・仏具并《ならびに》鋳物師四人・銅人形師一人・釘金物鍛冶三人・鐔《つば》師并象眼《ぞうがん》師六人・針金師二人・かざり細工師五人・きせる問屋一軒の名前を紹介している。江戸は武士の町であったから、刀装具関連の職種が目立つ。

装飾性の高い日用品や、実用品も多く流通した。一七二四年の小間物問屋取扱品のなかには、銅・真鍮製と記すものだけで、真鍮上水・真鍮渡金・銅耳盥《みみだらい》といったお歯黒用の化粧具類・真鍮目釘打・真鍮鈴・真鍮さや万年筆・真鍮衛士籠《えじかご》（香道具）・真鍮根付・真鍮掛針・銅薬罐・銅大根おろし・銅湯煎・銅火かき・銅漏斗・銅杓子があった。キセル類や針金にも、当然ながら銅・真鍮製品があっただろう。消費都市・江戸らしく、幅広い金物を取り扱う問屋が、流通の中核をなしていたようだ。

中橋店の役割

一七世紀の末までに、住友では備中吉岡・出羽幸生《さちゅう》、そして別子銅山など多くの銅山を手がけ、幕府との事務折衝業務が、忙しくなった。一八世紀に入るころからは、金物類の販売を縮小する一方、浅草や木挽町・麴町など四カ所で貸家を経営した。家賃収入で得られる利益に依存する割合が、徐々に増していった。

やや時代が下って、一七五一年七月には「江戸店掟書之事」が定められた。ここでは、中橋店の業務を①別子銅山関係の出願など、幕府や諸藩の役人との交渉、②情報を収集し、大坂本店へ知らせる、③江戸で所有する屋敷を管理する、以上の三点にまとめた。

たとえば、別子銅山の買請米《かいうけまい》（第4・6章参照）の値段交渉であるとか、運搬船が瀬戸内海で難破したとき、事故の処理にさいして重要な役割を担ったのが中橋店であった。海難事故のときは、大坂本店の指示に従い、中橋店の者が松山藩の江戸藩邸へ出向いて、内々に事件の経緯と今後の対応を協議したのである。

中橋店では、別子銅山の経営にかかわるさまざまな案件の経過を逐一、報告することはもちろん、将来の手引きとして、万が一、不測の事態がおきた場合の対策について見解をまとめ、大坂本店や別子銅山に書簡で伝えていた。

一七六〇年十二月に定められた「分与別家式《ぶんよべっけしき》」は、各店の支配人・店員の格付けを示したものであるが、それによると、中橋店の支配人は本店・別子の下位、浅草米店と同格、長崎店より上位に位置づけられていた。ただし江戸にある諸藩の屋敷との関係を良好に保ち、別子銅山の繁栄と継続に大きな功をなした者については、特別に本店・別子の支配人と同じ扱いとし、家督銀もそれに準ずる、との規定がある。

このように、中橋店は、とくに別子銅山の安定的な経営に寄与することを業務の核に据え、江戸における情報収集や交渉の窓口として、重要な役割を担ったのである。

浅草に吹所を設置する

中橋店は浅草諏訪町（東京都台東区駒形）に吹屋を構え、各地から集めた銅の製錬をおこなっていた。一七〇二年三月には、諏訪町の東側、南端から四軒目の屋敷を購入している。その吹所は、写真7-1では、右上部に位置する。表口六間（約一〇メートル）、裏行《うらゆき》（家の表から奥までの長さ）は「町並」（約四二メートル）の土地に四間四尺（約八・五メートル）の河岸地が付いて、金六〇〇両であった。後世の諏訪町絵図をみると、隅田川の河岸地とのあいだに路地がある。

一七世紀の初めごろから、諏訪町に近い浅草橋場町（東京都台東区橋場・東浅草付近）には、足尾銅の会所が置かれていた。足尾の銅は、すべてを幕府が買い上げる原則とされ、山

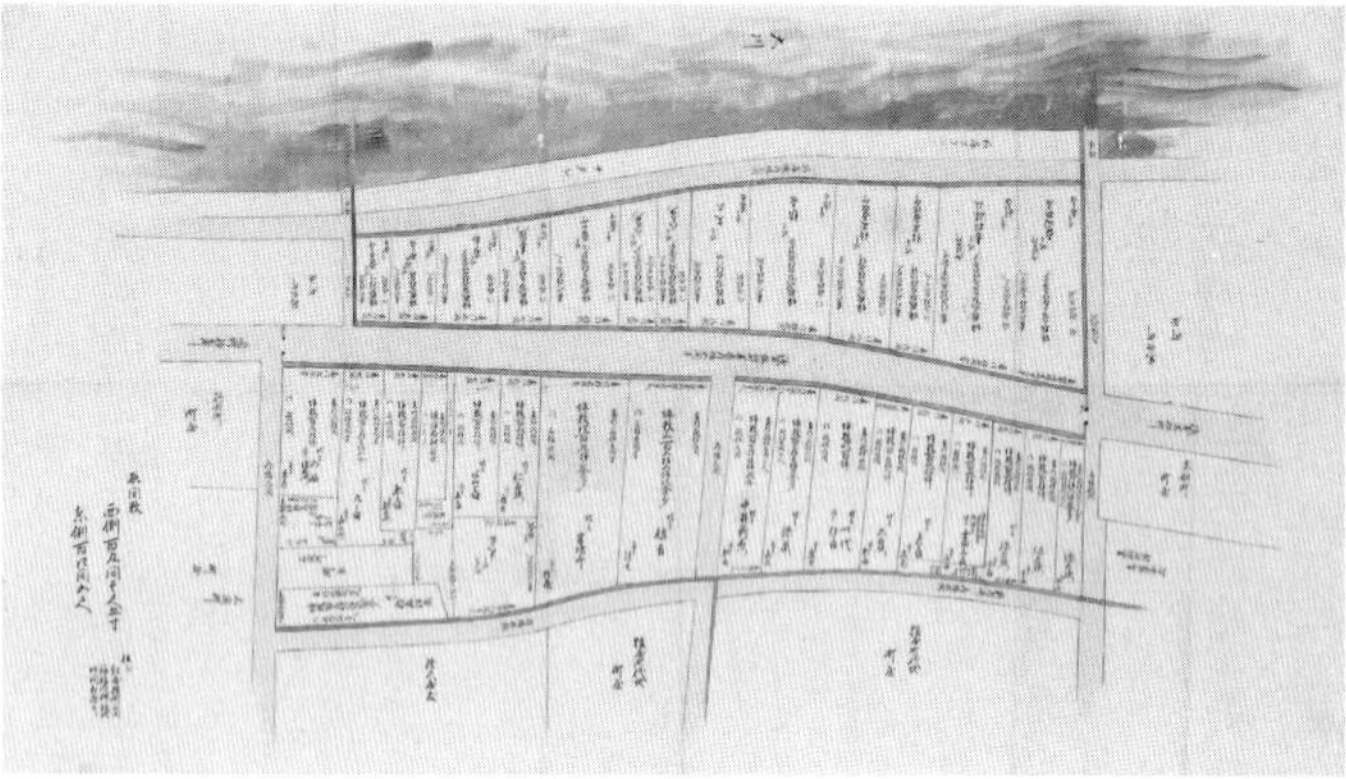

写真 7-1　浅草諏訪町絵図(左側が北)

元で製錬するか、荒銅のまま舟で江戸へ回されたのである。一七世紀末の三〇年間は産銅量が拡大し、一部を輸出用とすることが計画された。大坂の銅吹屋たちは銅輸出の権益を確保するため、足尾の山師からこれを請け負った。住友が浅草に吹所を設けたのは、このような事情による。

残念ながら、吹所が足尾以外にどこから銅を買い集め、出荷したかといった、詳しい状況はわからない。一八世紀に入るころには、足尾銅の産出量が目減りすることもあり、大坂の銅吹所ほど稼働状況は良くなかったであろう。

一七〇一年に幕府が銅座を設置すると、足尾の輸出銅は廃止された。御用銅の精錬がなくなり、中橋店は収益面で痛手を被ったが、そもそも江戸の銅需要は大きく、使用済みの銅製品を回収、再利用する作業は続けられた。

貨幣改鋳の御用を請け負う

一七世紀末以降、勘定奉行荻原重秀のもと数度の改鋳がおこなわれ、悪質の貨幣が鋳造された。相場は混乱し、とくに銀立てで勘定をおこなっていた大坂では、物価高騰が避けられず、人びとの生活は困窮をきわめるようになる。

一七一四年五月、幕府は経済建て直し政策の一環として、粗悪であった貨幣の品質を以前のレベルに戻す、改鋳を指示した。この結果、市中では、品位の異なる貨幣が併用されたが、これをまず、各々に通用の割合を定め、順次、新しい貨幣と引き替える必要が生じた。

銀貨についていえば、一八世紀初めに鋳造された永字《えいじ》銀・三ツ宝《みつたから》銀・四ツ宝《よつたから》銀がもっとも多く流通していた。これをかつてのように良質の貨幣へ一気に戻すと、流通量は縮小し、たちまち経済の混乱することは目にみえていた。しかも当時、銀の産出高は、全国的に減少へと転じており、あらたな貨幣鋳造には材料不足であった。そこで、従前の貨幣を回収し、良質の貨幣に吹き替えて、普及を図ることとした。

幕府からの指示で、悪貨改鋳に関連する銀銅吹き分けの任務は、住友をはじめとする大坂の銅吹屋仲間に命じられた。さしあたって、大坂屋久左衛門と丸銅屋治郎兵衛が江戸へ向かい、住友が所有していた諏訪町の吹所で、問吹《といぶ》き（銀銅吹き分けのテスト）をおこなった。その後、八月から吹分所の建設工事に着手する。

このころ、世間を賑わせた幕府大奥のスキャンダルで、遠島処分となった材木商都賀《つが》（栂）屋の屋敷が町内にあり、これが接収され、吹分所に転用された。写真7-1には描かれてないが、町の中央から大通りを西側へ延びる、幅三間の道の南側にあたる。

吹分所には、事務方だけで四二名が詰めていた。銅吹屋仲間本人は、近辺に別宅を構えて、そこから通勤した。役付きの者と下男たちは、一年交代とされ、吹分所の中で暮らした。吹大工・吹子指《ふいごさし》・手伝などにいたるまで全員が大坂から派遣されており、江戸で人材が雇用された形跡はない。南蛮吹の工程をともなう銀銅の吹分は、特殊な技術を必要とするから、設備を含めて、基本的には一括で大坂から技術者を派遣するしかなかったのだ。

吹分所の絵図を読む

吹分所の内部はどのような構造であったのか。図7-1をみてほしい。

東側が、諏訪町の表通りである。図の上部にある表門をくぐると、玄関脇に銀請取所、右

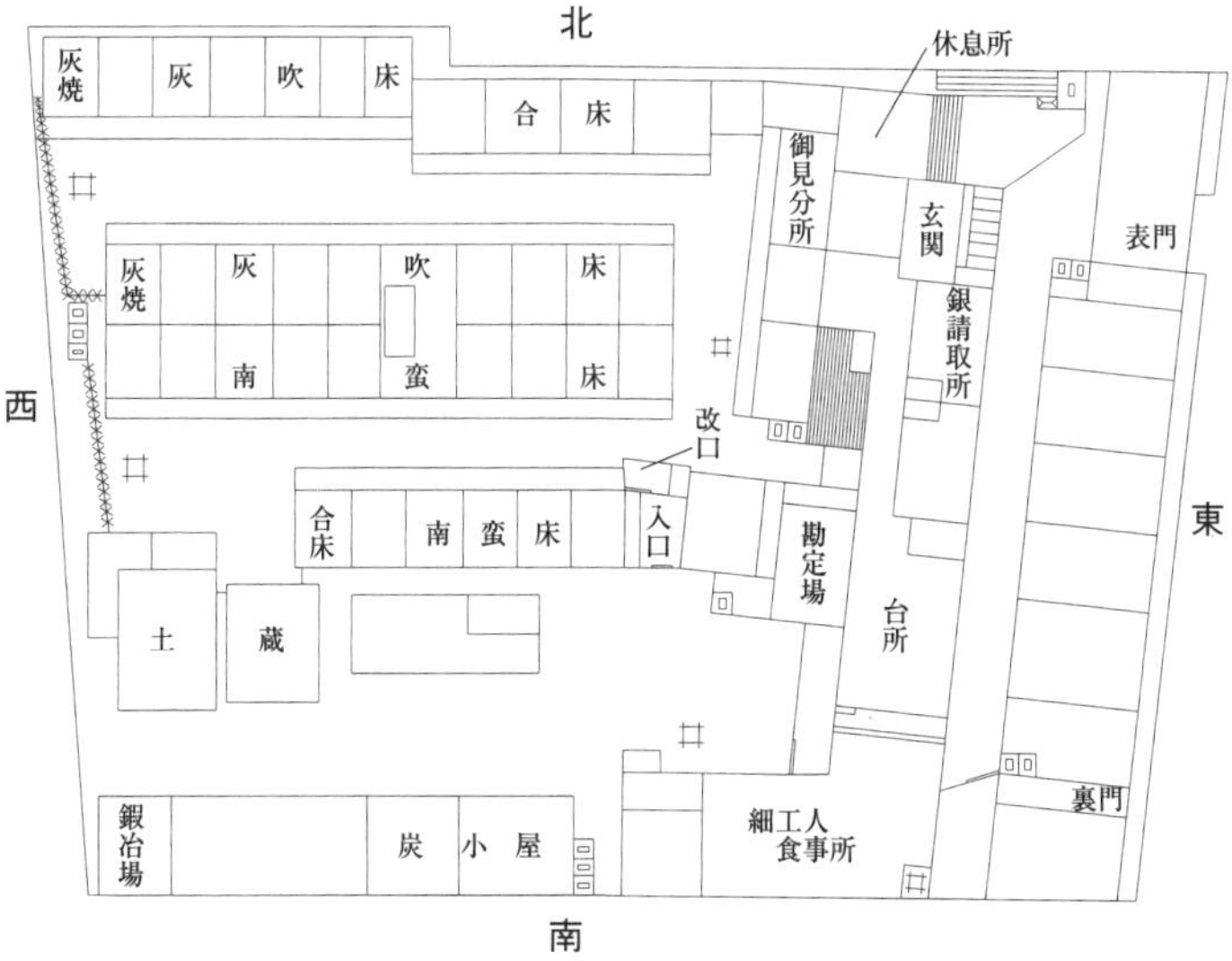

図 7-1　銀銅吹分所絵図

奥に休息所がある。左側（南）へ進むと、細工人の詰め所で、台所や細工人食事所と続く。図にはみえないが、二階は彼らの居所である。

建物の奥方が作業場であり、それぞれブースに分けられていた。北側から、合床《あわせどこ》五挺《ちょう》・灰焼床二軒・南蛮床一四挺・灰吹床一四挺が、整然と並ぶ。玄関に近い座敷の上には「御見分所」も置かれている。ここから、幕府の役人が作業の様子をうかがうのである。

貨幣鋳造に使う銀をとりだす、という公用を仰せつかっているためか、細工人が作業をおこなう空間は、柴垣などで仕切られていた。勘定場の近くにある細工人の入口以外からは、出入りすることができない。屋敷の外周、南端には炭小屋二カ所と鍛冶場もみえるが、一見して狭いスペースであり、土蔵も三カ所しかない。これでは資材や吹き分けた銀を保管するには、不十分だろう。

吹分に必要な鉛・砂・道具類は、隅田川舟運を使って、河岸地まで運ばれた。そこからは、諏訪町の本通りを渡り、吹分所へ持ち込まれるのだが、表門・裏門以外に通用門はなく、搬入ルートはよくわからない。

吹分所で使う水の安定的な確保は、重大な問題であった。幕府は、用水として井戸を掘って使うように指示したが、このあたりの井戸水は土地が低くて汐気《しおけ》も多く、適当でないので、水道施設が設置された。また、大量の水を使うから、排水の取り決めもおこなわれた。吹分所東側の路地際に樋を付け、隅田川へ水を落とすのである。

吹分所へ必要物資を運搬する船も用意された。二〇石積が二艘、茶船（小型の川船）は、長さ四尋《ひろ》三尺五寸（約八メートル）のものが一艘、同三尋三尺五寸（約六・五メートル）の屋根つきが一艘、計二艘を保有した。

このように施設の拡充が進められたものの、一七一六年正月十八日に、吹分所は焼失してしまう。以降の事業は、京に置かれた吹分所で継続されることとなり、銅吹屋も大坂へひきあげていった。

一連の事業は、幕府の貨幣政策を着実に遂行していくため、銅吹屋仲間のもつ技術を結集した成果である。吹分所が諏訪町に置かれた背景としては、土地の確保が容易なこと、近接する御蔵《おくら》（幕府が米を保管する倉庫）の存在や隅田川舟運の利便性が大きな意味をもっていた。だからこそ、住友も早くからこの地に、吹所を設けたのだ。

経済の発展とともに、江戸における銅の需要は、ますます大きくなった。だが、古銅の集荷と吹分が銅産業の中核になると、流通ルートを獲得済みであった古銅商人らの力が増して、住友をはじめとする銅吹屋仲間の存在意義は薄れた。諏訪町は、銅産業の地としての利便性をなくし、一方で住友は、御蔵に近いという、地理的な条件を活かした産業への転換を図らざるを得なくなった。

二　「浅草米店心得方」にみる住友の事業精神

札差業をはじめる

一七四六年五月、住友家五代友昌《ともまさ》の実弟である友俊《ともとし》は、別子銅山の買請米につき幕府と折衝をおこなうため、江戸へ出向いた。このとき彼は、あらたな事業への進出を決心する。

前述のように、諏訪町には住友の吹所が置かれたが、このときまでに実質、休止状態であったようだ。吹分所が焼失して、幕府による吹分も中止され、銅精錬事業の火が消えてからも三〇年もの月日が経過していた。友俊は、この諏訪町の地で、住友にとってまったくの新規事業である、札差《ふださし》業への進出をもくろんだ（浅草米店）。もっとも、銅産業から金融業へ移行することは、江戸という社会の変質に順応した選択であった。

札差は、徳川幕府に仕える武士たちの給与を管理する、代理業である。当時の武士は多くの場合、給与を米の現物で渡されたが、都市社会で消費生活を営むためには、これを貨幣に替える必要がある。

浅草米店の近くには、全国各地から集められた年貢米を保管する、幕府の御蔵が置かれていた（東京都台東区柳橋、蔵前付近）。ここで、武士は給与を受け取るが、その手続きは、たいへん煩雑である。そこで、武士の代わりに米を受け取り、換金の手数料を得る商売が成り立つのである。

もちろん給与受取の代行だけでなく、札差は蔵米を担保に、顧客である武士（札旦那と呼ぶ）に資金も融通した。相応の利子が得られ、事業としての魅力も大きかった。一七二四年には、札差の計一〇九名が仲間を作り、公式に認可された。仲間の規則を遵守し、彼ら以外の者が業務をおこなうことは、厳しく禁じられた。

住友が札差業へと進出したのは、公認の仲間が結成されてから、約二〇年後のことである。一般に、江戸時代の仲間組織は、排他的な性格が強く、あらたにメンバーの数を増やし、加入を認めることは非常に難しかった。札差の場合も株の譲渡は次男か三男、または数年間、実際に勤務した者に限り、それ以外は他所者とみなされて、拒否された。逆にいえば、札差による金融の独占は、それだけ利が出たことになる。

住友の場合、当時すでに大坂の銅商人として著名な存在であったから、とりわけ準備は周到にせねばならなかった。そこで、浅草の界隈で米屋を営む伊賀屋善兵衛の名を借りて株を取得することとし、加えて、事前に札差である森田屋市郎兵衛に依頼、善兵衛を彼の弟ということにして、仲間の規定を満たすことに成功した。

伊賀屋を名義とする株は、その後、一七五五年になってから「泉屋甚左衛門《いずみやじんざえもん》店」と変更された。住友ではこのとき、浅草米店が大坂本店の出店であることを形式上でもはっきりさせたい、と札差仲間に願い出た。だが、札差仲間としては、先述の理由で、代理の支配人による名乗りを認めることができなかったので、結局「甚左衛門」を札差店の名義とする妥協案で決着をみた。

もとより住友には、甚左衛門という名の手代は存在せず、あくまでも仮の名前だった。以降、浅草米店の支配人は、代々これを名乗ったのである。

事業の順調な伸張

浅草米店を退職した支配人（別家）のなかにも、株を取得し札差業を立ち上げる者が出た。一七六二年に泉屋茂右衛門、一七七三年には、泉屋九兵衛が札差の営業をはじめている。

一七八八年十一月、浅草米店は、御三卿《ごさんきょう》清水家の蔵元（大名の屋敷に出入りし、資産の出納や管理をする商人）に就任した。口絵4は当時の門札である。同家では、幕府からの拝借金や、蔵元・掛屋の保証金を元手に「清水家御下ケ金《おさげきん》」と呼ばれる金融事業をおこなっていた。その御用は、浅草米店と本両替の殿村左五平がつとめた。

御下ケ金は、町会所を通じて、江戸の町人へ貸与された。あるいは、清水家が直接、蔵元や札差に向け、貸し付ける場合もあった。住友の札差業は、順調な発展を遂げた。吹所経営の時期に築きあげた、各方面との結びつきを最大限に活用し、札差仲間のなかで確固たる地位を築きあげたのである。

浅草米店の経営は、一七八九年の棄捐令《きえんれい》で、貸付高の六五％、利息の八八％が棒引きにされてしまうが、札差金融への救済措置が講じられたこともあり、一九世紀の前半ごろまで、安定した経営を続けていた。

一方で、一八四七年の決算帳簿をみると、収入は札旦那へ貸し付けた資金の利足が中心で、札差の手数料（諸雑費を差し引いた額）と、わずかながら家賃収入もあった。だが、このころになると、借入金も嵩むようになる。幕末期、札差の経営は相当に苦しくなり、商家・武家や、町からも資金を調達せねばならなかった。

浅草米店の空間構造

一八〇三年十一月、浅草米店が建て替えられたとき作成された絵図が現存する（写真7-2）。屋敷の位置は吹所を経営していた時代と同じで、諏訪町の東南側にある。地続き二筆の土地（表口は六間と八間）に、間口八間（約一四・五メートル）・奥行一三間（約二三・五メートル）の店舗が設けられた。

商品の米は、浅草米蔵から船で運搬された。「見勢《みせ》（店舗）」の表口は、隅田川側の通り沿い、東向きに設けられた。玄関を入ると、左側には板敷きの米置き場がみえる。奥には文庫蔵があり、重要な証文や台帳が保管された。

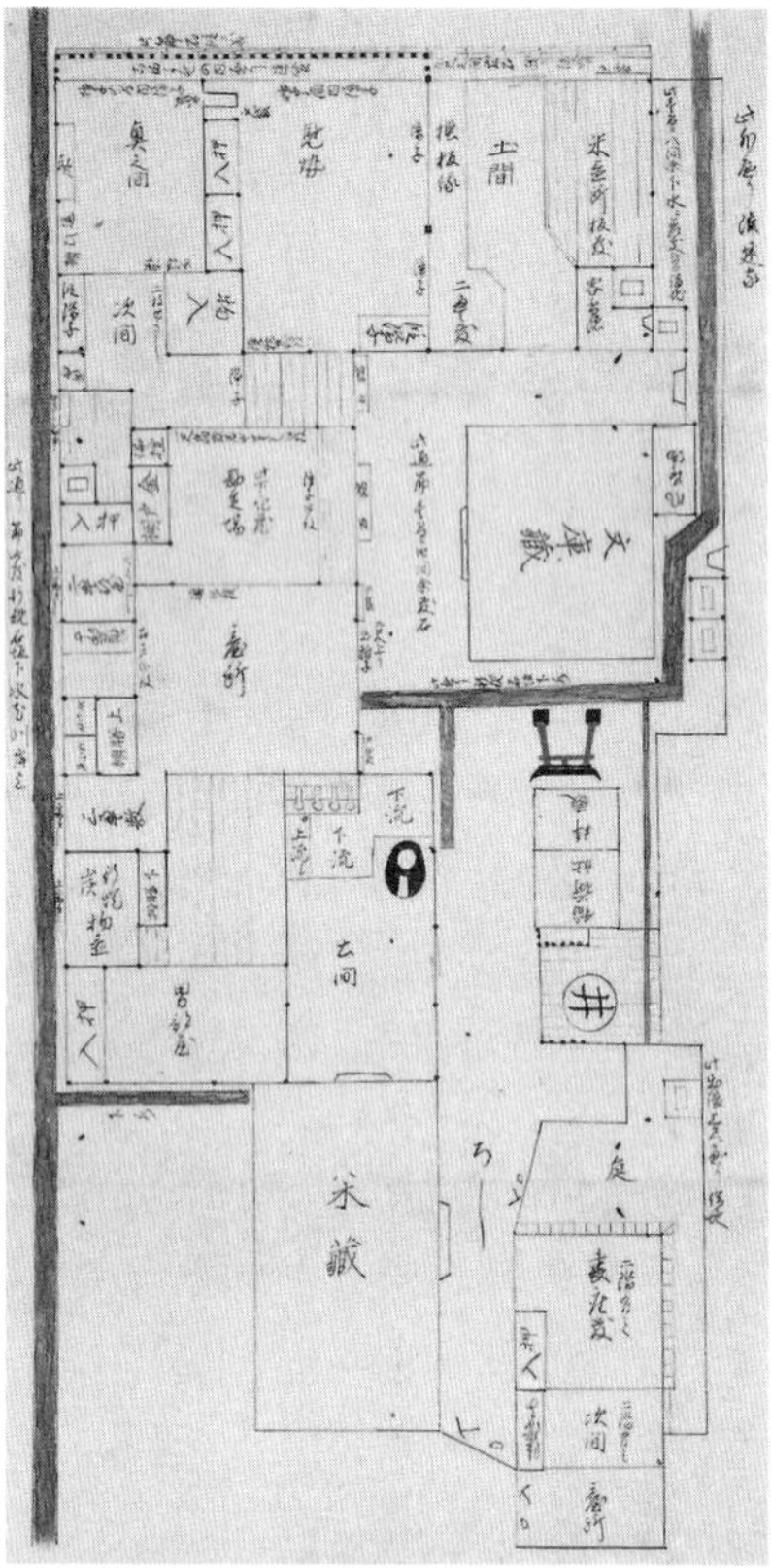

写真 7-2　浅草米店絵図（享和期）

通路の右側、障子を隔てたスペースは、勘定場であった。畳の下には穴蔵が設けられ、非常用の備金が収められた。台所・水回りからは、下水の水路が川へと流れている。奥へ進むと大きな米蔵があり、裏座敷・稲荷神社などが並ぶ。二階には客間があり、手代・子供・女性などが寝泊まりする居室も置かれた。

図の下側、諏訪町の表通り沿いは何も書かれていないが、実はこの部分には長屋が並んでおり、そこで貸家経営をおこなっていた。

この絵図の米店は、一八二一年四月十日の大火により、米蔵・文庫蔵・穴蔵だけを残し、全焼した。一八五五年十月二日に発生した、有名な安政大地震でも類焼している。そのたびごとに米店は再建されるが、こまかな経過はよくわかっていない。

ちなみに、住友史料館が所蔵する一八五七年段階の絵図を写真7-2と比べてみると、全体的に米店の規模は小さくなったが、基本的な配置は変わらない。やはり、諏訪町表通り沿い（六軒分）と北側（一四軒分）に、貸家が設けられている。

「浅草米店心得方」の内容

札差の業務は、顧客である札旦那とのあいだに、強固な信頼関係を結び、はじめて成立するものである。そのため、浅草米店につとめる手代には厳しい規則が適用され、管理・監督を徹底した。

一七五一年七月に制定された「心得方」は、三四条から成る。これは前述の「江戸（中橋）店掟書之事」と合わせて示されたもので、前年十月に大坂本店で実施された諸改革と同様、倹約の方針を重視している。

冒頭では、札旦那を大切にし、勘定を確実におこなうように戒める。この指針が、すべての基本であった。

前半部には、幕府御蔵での業務にかかわる決まりが列挙される。

札差は、札旦那から切米（幕府から俸禄として与えられる米）の請取手形を預かって、これを書替役所に提出する。そこで、書替奉行から承認印をもらって、御蔵役所へ提出して検査を受けるのだが、このとき、四ツ切の半紙に渡し高（給金は、年何度かに分けて支給されるならわしであった）や代金、請取者の名前・札差の屋号などを記載し、丸めて玉にした紙を箱に入れ、抽選で蔵出しの順番を決めた。

支給される米は、実際に飯米にする分と、換金する量を定め、後者を札差が担当する。これら一連の流れのなかで、間違いがおこらぬよう、入念な注意が払われた。

続いて、札旦那との関係を定めている。札差は、請取手形を抵当とし前渡し金の形で貸付をおこない、それが業務の核となった。責任ある立場の者のみが、慎重な姿勢でこれを実施するのであり、貸付金証文と帳簿を照合し、確かに保管することも厳しく守られたのである。

浅草米店の営業成績は「精帳《せいちょう》」＝帳簿により、大坂本店へ報告されるが、金・銀・米・銭の管理は毎日、当座勘定をおこない、月ごとに支配人がチェックしていた。さらに、年間を通じた総勘定は、中橋店支配人との連名・連印とし、万全の態勢が整えられた。

一方で、札差の業務を拡大することに関しては、大坂本店の指示を仰がねばならなかった。これは一見、営業現場＝浅草米店の判断に委ねられてよいような内容とも考えられるが、近い将来の利益を求めていたずらに事業を拡大し、結果、予想外の損失を蒙るリスクにも配慮を忘れず、より慎重な姿勢を貫いたのであろう。

大坂本店との関係は、こうして強い結びつきのうちにあった。浅草出店で得た利益の一部は送金され、それが実際に住友全体の経営に大いに寄与したのである。

一八四三年いわゆる、幕府の「天保の改革」で、札旦那への貸付金のうち、同年以前の分についてすべて無利息二〇年賦とする、債権切り捨て命令が出るまで毎年、一六〇〇両以上の利益を上げており、健全な経営をおこなっていた。

「心得方」の後半は、手代の日々の勤務内容や、米店にかんする包括的な取り決めが列挙される。さらには、地元の町（浅草諏訪町）との関係にふれた部分もみられる。

たとえば、札差が本務とする米の取引は、天候などに左右され、投機的な要素も大きい。これについて「米の売買にあたっては、利潤を得ることも損失を蒙ることもあるのだと理解し（損をすることを嫌い）米を買い置くことや、売り過ぎないように留意せよ」と戒める。

また、これに続けて「月々に必要な米はその時々に買い入れ、数カ月先を見越して買い置いたりしてはならない」と命じ、米に限らず、あらゆる「思ひ入商売」＝投機行為を厳禁した。これらの規定にみられる指針は、まさしく浮利を追わず、堅実な商売をおこなうべきだとの主張である。江戸時代、浅草米店で採用された商売の規定にも、住友の事業精神はしっかり息づいているのだ。

御蔵＝幕府から払い下げられる米の請取証文を確実な担保に、金を貸す一方で取替（札旦那に対する、切米の前渡し金以外の、貸借関係）を禁止したことは、札差の本務に立ちかえりつつ、着実に得られる利を洩らさず計上する、実に住友らしい姿勢を追求したものといえよう。その目的を確実に実行するため、札旦那との金融関係は念入りに改めて、米売買に絡んで目先の利益を追うような行為を取り締まるなど、不断の努力が求められたのである。

三　都市社会の一員としての住友

浅草諏訪町の人びと

住友の出店が置かれた浅草諏訪町は、幕府の御蔵に隣接し、浅草寺・両国橋・回向院《えこういん》など繁華街に至近であるため、江戸時代を通じて栄えた場所であった（写真7-3・4）。ここには、日用品をはじめとする種々の問屋が軒を連ね、一八二五年当時の家数は、二八七軒を数えたという。

浅草米店は、隣接した土地で長屋の経営をおこなった。店子《たなこ》（借家人）から徴収される店賃は、中橋店の勘定に組み込まれた。一方で、長屋を管理する家守（管理人）へは一定の給銀を支払い、他に町内で利用する河岸地の地代、祝儀金・講金や諏訪社にかんする費用など、町運営のための支出がまかなわれる。

一八二二年の浅草大火で、古い帳面類が焼失し、町勢の詳しいことはわからないが、おそ

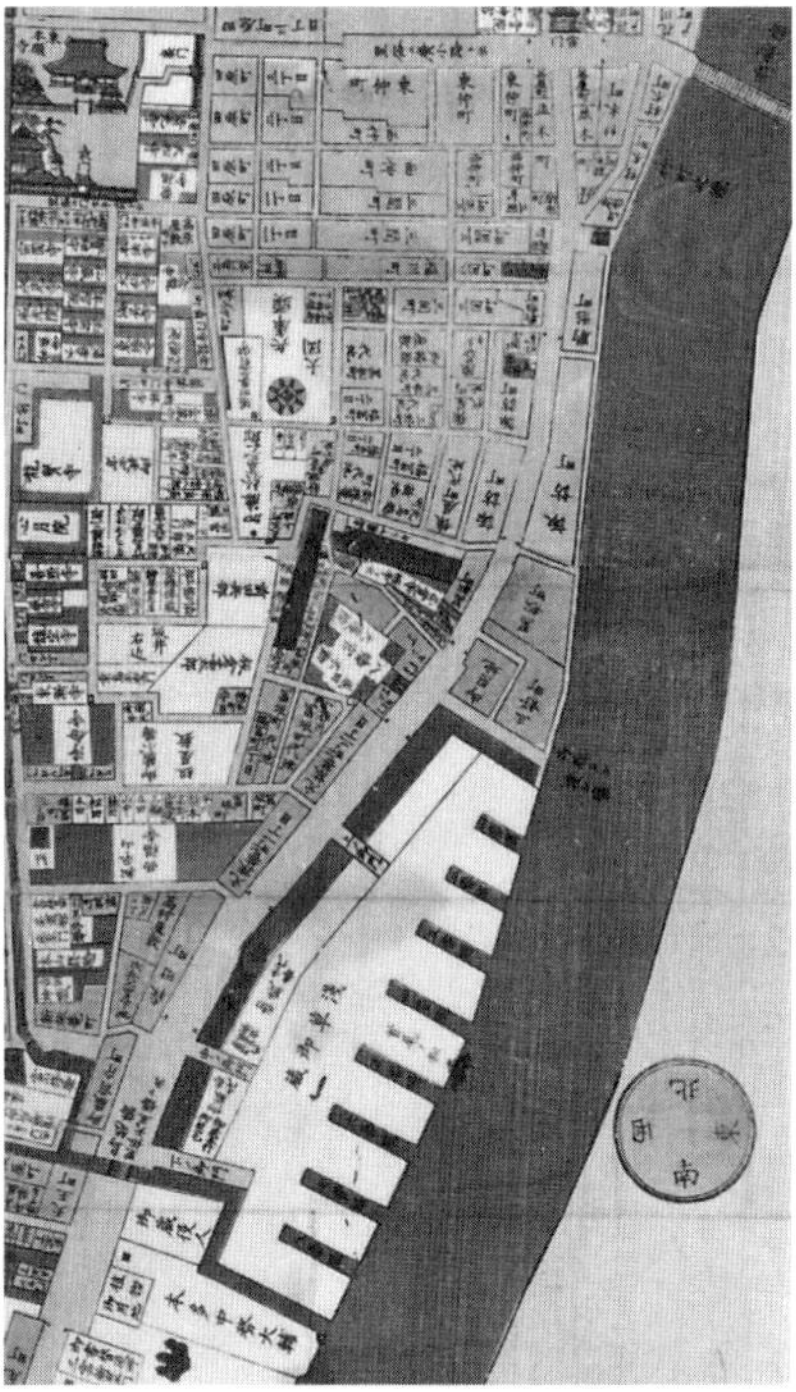

写真 7-3　『江戸切絵図』浅草御蔵付近
（御蔵の北側が諏訪町）

写真 7-4　浅草御蔵付近 現在の様子

らく町に住んだのは、地借《じがり》・店借《たながり》（土地を所有しない借家人）と呼ばれる、零細な人びとが中心であった。これらの存在は、都市経済を根っこから支える安い労働力として、当時の江戸市中には多く滞留した。

諏訪町にいる彼らは、おもに御蔵や隅田川舟運の日雇い労働についたと考えられる。だが、容易に想像がつくように火事や飢饉、病気の流行にみまわれると、彼らはすぐ生活の手だてをなくしてしまう。ゆえに町全体で生活を支援する必要があり、とりわけ大商人たちは、物資の提供を通じ、社会貢献を惜しまなかった。これを「施行《せぎょう》」という。

ほんの一例に過ぎないが、たとえば住友では、天保飢饉後の一八三三年十月、町に居住する二〇一軒と、奉公人宿など八二軒を対象に白米と銭を供出している。同規模の施行は、一八三六年八月、十二月にもおこなわれたが、以上の事実により幕府から褒美として白銀を一枚、与えられたという。

また、一八六一年、開国後の混乱で米価が高騰したさいも、施行を実施した。諏訪町の人びとはもちろん、隣町の旅籠町二丁目、都市の防災・治安維持の組織である火消仲間、米店に勤務する手代や別家、出入りの町人などを対象とし、その数は町内だけでもゆうに一七三名を数え、総額は金換算で一六〇両以上を提供した。

江戸へ進出し、出店を構える以上、住友も諏訪町そして都市社会＝江戸の一員として、社会的な責務を果たすことが求められた。施行だけでなく、町の積立金の資金管理や、町内に置く番人の差配なども担った。

よく知られるように、江戸は火災の頻発した都市だったが、当時は、近くで発生した出火には、手代や出入りの者を組織し、積極的に消火活動へ参加させる慣習が広くみられた。多くの労働者を抱える、住友のような有力な商家こそ、リーダーシップを発揮することが強く求められたのである。

写真 7-5　諏訪明神社(中央右)現在の様子

町や寺社との関係

浅草米店のおかれた諏訪町は、町域の全体が、浅草寺の寺領だった。隅田川の舟運で荷揚げ場となる河岸地も、浅草寺の支配下に置かれていた。町の北側に諏訪社、併設して飯綱《いいづな》社を祀ったが、境内の井戸水の管理など実務は、町の者と浅草寺の別当（修善院）が協力しておこなったらしい（写真７-５）。

一八六二年、諏訪社が再建されるとき、諏訪町の住民は、金二八五両もの費用を負担することになったが、これほど巨額の資金を実際に調達したのは、浅草米店であった。

そもそも諏訪町には「諏訪積金《つみきん》」なる名前の講が存在し、融通をおこなっていたが、運用の詳細はわかっていない。実際には、住友のような大店の果たした役割が大きかったはずである。

一八六六年十二月、隣接する浅草田原町から火災が発生して、諏訪町域にも類焼して大きな被害が出た。その復興費用が必要になると、住友が諏訪町の肩代わりをして負担した建設費用は、まるで棒引きにされてしまった。だからというわけではないだろうが、翌一八六七年に出された浅草米店の「改革議定書」では、「町内の入用、神社仏閣に対する寄附・合力はなるべく省略すること」とみえる。

もとより町と浅草寺との関係は深く、必要に応じ、建物の修復金を奉納することは、頻繁におこなわれた。たとえば一八五一年正月の記録によれば、諏訪町から経蔵御再建の奉納金一〇〇両が献納された。一方、浅草米店の支配人は浅草寺十人衆として組織され、札差仲間の寄進をとりまとめる役割を担っている。

店員構成とキャリア

浅草米店につとめていた手代の数については、一八世紀中期ごろの史料が残る。支配人を筆頭に、相対方《あいたいかた》・金子方《きんすかた》・玉入《たまいれ》・書替《かきかえ》、などの役が一人ずつ、御蔵から米を受け取り、売り捌く担当者が各二名いる。これに加え、賄いの老女・飯炊き男・料理方と子供二人、総勢一四人という、比較的小規模な陣容であった。

臨時の雇い人を置いた場合もあるが、どちらかといえば、少数精鋭で最大の利益を生もうとする方針であったようだ。やがて、事業拡大にともない、この数は一八四九年の段階で二二名にまで増えた。

一七七〇年の史料によると、浅草米店の支配人は卯兵衛なる人物、勤続二〇年を越えるベテランだった。大坂出身、備中（吉岡）・予州（別子）の銅山を経験し、江戸勤めは六年目になる。

同時期に中橋店で支配人をつとめた直右衛門も、似たようなキャリアの持ち主であった。大坂本店で採用されるが、約七年におよぶ別子での勤務を経たのち、江戸へやってくる。最初は、浅草米店に詰め、五年前から中橋店に移った。前年（一七六九年）十月、前の支配人儀兵衛が病死したため、仮の支配役となっている。

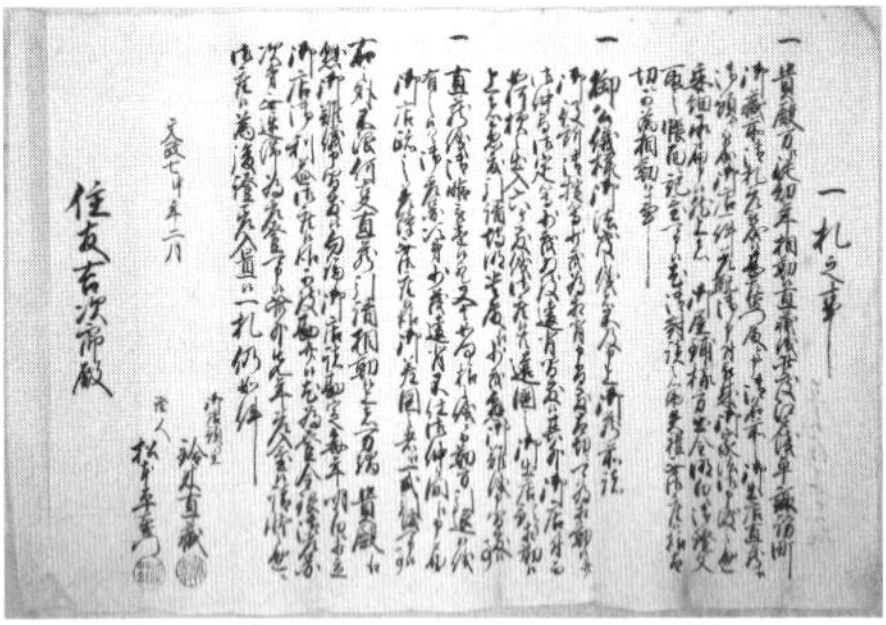

写真 7-6　支配人誓詞

支配人はなかでも、浅草米店の名義人として重要な責務を担うので、就任にあたっては、誓詞が交わされた（写真7－6）。住友の内部では大坂本店・別子銅山支配人に次ぐ要職であり、中橋店の支配人と同格の扱いとされた。永続して利益を出すことが求められ、倹約を守り、勘定の明朗な者こそが良いとされた。

ちなみに、支配人交代のさい、披露をおこなう順番には決まりがあった。最初に、店方・別家へ早々に挨拶するのは当然として、続いて出入方（取引先や店内の雑務に従事する者）・中橋店・長屋の住民・家主と進む。さらには、札差仲間・会所の関係者・清水家と続き、最後に浅草寺代官を訪れて、公式書類の書き替えを完了した。

札差業が軌道にのりはじめた頃の浅草米店は、中橋店に比べ、手代の数も充実していた。元締役の由兵衛は、江戸に住み、永らく住友につとめる家系の者で、卯兵衛よりも年上にあたる。そのためであろうか、卯兵衛が正式に支配人と任命されて以降も（前年八月）、大坂本店に出す書状は、由兵衛との連名にするよう、指示されていた。江戸両店では、彼のように、江戸やその近郊出身の奉公人も、数多く雇われていた。

在職中、不幸にも奉公人が命を落とす事例もある。一八四七年正月、大坂から派遣されていた浅草米店の手代常次郎が病死すると、遺品は大坂本店まで送られ、親（大坂内淡路町に住む、松屋吉兵衛）・兄（北平野町二丁目に住む、津国屋庄兵衛）、そして彼の身元引請人（太郎右衛門町に住む、阿波屋喜兵衛）に手渡されている（写真7-7）。

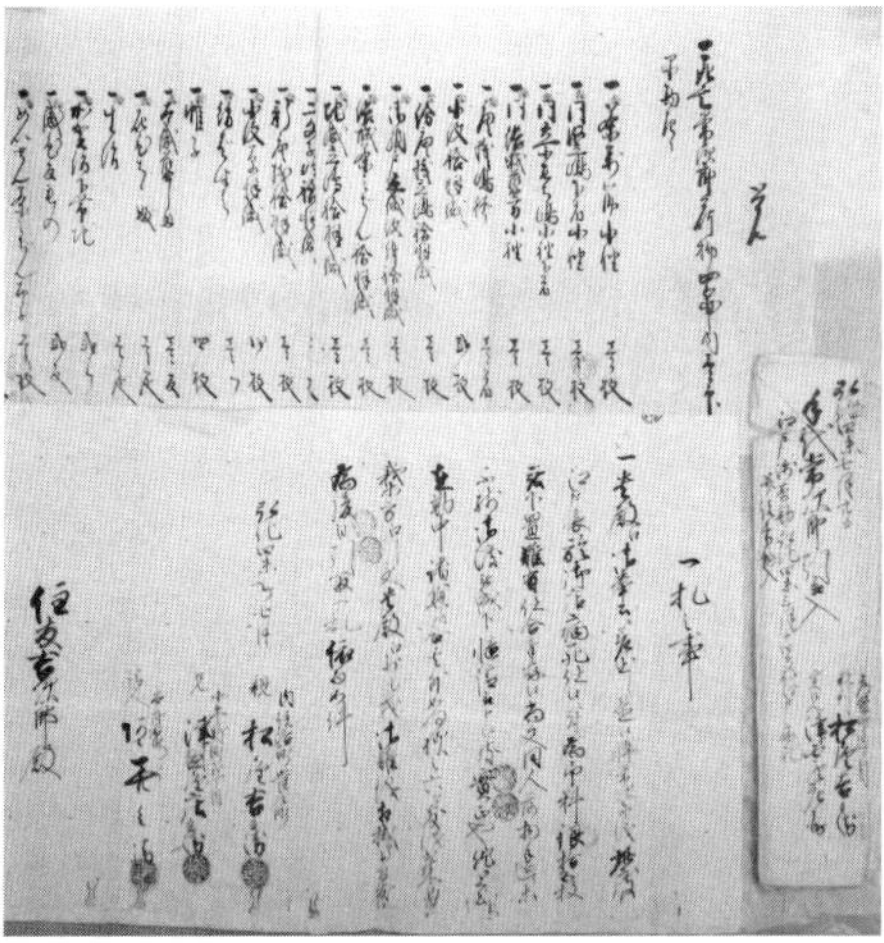

写真 7-7　手代常次郎の遺品リスト

この時代、商家の葬礼は華美になる傾向にあり、しばしば幕府統制の対象となった。一九世紀前半の法令は、町内の葬礼に大勢の懇意が参加することを禁じ、参列者をせいぜい四～五名にとどめるよう、指示が出された。

常次郎の葬礼も、例外ではない。在勤中に亡くなったこともあり、住友家と縁の深い浅草米店近くの玉泉院で葬礼をおこなったが、院主・伴僧を六名ほど招き、約四〇人が参列、彼らへの振舞もあった。常次郎はまだ浅草米店の重役をつとめるような立場にはなかったが、それでもこれほどの規模でおこなわれたのだ。商家の手代、町人どうしの連帯がどれほど強かったか、よくわかるケースといえよう。

前述のように、浅草米店の営業は、複雑な人間関係が交錯したうえに成立した。個人的な面でも、金銭の貸し借りや信仰の問題（講への参加）などを通じ、地縁的な、仲間うちの連携が重要な意味をもち、そのため儀礼的な側面は、ことさら大切にされたのである。

四　中橋店の両替業進出と挫折

住友家では、一七九二年に病気を理由に七代友輔《ともすけ》が引退し、その子吉次郎（友端《ともはし》）が、わずか五歳で家督を継承した。一八〇四年、友輔が死去した翌年、友端は元服したが、一八〇七年に没したので、京の岡村家から養子を迎え、九代友聞《ともひろ》が家督を継いだ。この間、家政の実権は、京に隠居していた友紀《とものり》（六代当主）が握っていた。一八一一年、幕府が「銅山御用達」の名乗りと「住友」の苗字使用を許可したが、これも彼の指示による、一連の運動が奏功したものであった。

江戸で両替業をはじめる

銅山経営・銅精錬という、住友本来の事業にかかわって、幕府や松山藩などに対する窓口の役割を担った中橋店は、一八〇五年に両替業をスタートさせる。まず、京の別家大橋与四郎の仲介で御三卿のひとつ、一橋家の金融全般をあつかう御用商人＝掛屋となった。一八〇四年夏に発生した別子銅山の風水害で、経営的にダメージをうけた住友は、幕府から八〇〇〇両の救済金（無利息、五年目から一〇年賦の借用）を得るが、これが中橋店の営業資金に投入されることとなった。

以後、中橋店は貸付・為替・両替の事業を本格化、拡大していく。それまで縮小傾向にあった、武家との金融関係も再構築へと転じた。一八〇八年、やはり御三卿である田安家の掛屋に就任したほか、松山藩・盛岡藩をはじめ一五藩、幕府の旗本四家、代官一七家、合計三八家の御用をうけおった。実績をかわれ、同年十二月十九日には竹原・中井・升屋・殿村の四家と同時に本両替として任命され、江戸本両替仲間に加入した。

この新規五家に、三井を含めた六家で幕府の金融政策に協力するが、具体的には、①公用金の鑑定と両替、②公用金の預かりと包み立て、③金銀相場の書き上げ、④貨幣改鋳時の新古金銀の引替業務、に携わった。

幕府は、江戸時代を通じて、金銀貨幣の改鋳をさかんにおこなったが、その引替を有力な両替商に命じた。住友では中橋店だけでなく、大坂でも引替業務を担当した。

両替業を立ち上げた翌一八〇七年には、早くも収益として三〇〇両を計上する。中橋店は、独立会計制で運営されていたが、利益がでると、一部を大坂本店まで送金した。事業の確実な伸張により、一八二五年の送金額は一〇〇〇両に達したという。

中橋店の構成と業務

中橋店の店員は、時期により増減はあるが、およそ二〇～三〇名と考えられる。たとえば、一八二七年の店員数は三三人で、本両替仲間五家のうち二番目の規模であった。

もう少し時代を下った、一八四九年のデータをみると、当時の支配人井伊又兵衛を筆頭として、代官掛り・三田掛り（江戸の松山藩邸。別子・立川銅山の預かり役所がある）・田安掛り・一橋掛りというように顧客別の担当者が置かれた。彼らの下には、相場役・銀方など役付きの者、見習・子供・下男もいる。

店員の半数ほどは、江戸出身者で占められていた。むろん大坂本店で採用した後、江戸へ派遣されるケースもある。彼らの多くは、およそ一〇歳前後で奉公に出て一六歳前後で元服

写真7-8　田安・一橋家掛屋御用諸記録

し、一八〜二二歳くらいで事務職となる。

手代たちは、不測の事態に備えて役割分担し、土蔵の管理を徹底した。もし火災が発生したら、重要書類を速やかに持ち出し、安全な場所に避難することが最重要の任務とされていた。火の用心のため、子ノ刻（深夜〇時）から交代に起きて、拍子木を打ちつつ店内の見回りをおこなったという。

中橋店は掛屋として、顧客である各武家の会計事務をひろく担当した。また、年貢金を立て替えたり、「御下ケ金」と呼ばれる武家金融を扱い、公的な業務の一部を肩代わりしたりする。大名家に対しては、江戸の藩邸と国元、あるいは大坂に置かれた蔵屋敷とのあいだで取り交わされる為替の業務を担当し、その金融システムを支えた。他方、商人にも貸付を手広くおこなった。

幕府勘定所・一橋家・田安家・松山藩三田役所の御用は、特別に大切な業務とされた。ゆえに、これを担当する者は、他家へ出勤することをかたく辞退するよう定めた。

鷹藁源兵衛《たかわらげんべえ》が主導した改革

もっとも、中橋店がおこなう両替業は、社会全体の景気後退や、前述した「無利息年賦返済令」など、金融制度の急速な変化を背景に、早い段階から業績悪化の道をたどった。

一八二〇年代、幕府が緊縮財政をとったことから、中橋店は貸付の利下げに迫られる。利益はあがらず、新規の掛屋御用を禁止し、貸付金の管理徹底を申し合わせたが、経営回復の道は困難をきわめた。

一八二九年からは、浅草米店の利益を大坂本店へ送金する為登金《のぼせきん》のうち年二〇〇〇両を経営建て直しの名目で、中橋店の勘定へ繰り入れた。以降の七年間で、その額は計一万二〇〇〇両に及んだ。

結果、一八三五年の中橋店は、ようやく年一〇〇〇両余の利益を計上したが、収益のなかに含まれる浅草米店からの入金二〇〇〇両を差し引くと、中橋店の限りでは、まだ欠損であった。

一八三六年三月になると、同店の経営を建て直すため、大坂本店から副支配人鷹藁源兵衛が派遣された。彼は江戸両店の支配人と協力して、決算簿を一斉調査する。経営データを「有物請払之精帳《ありものうけはらいのせいちょう》」「金銀請払勘定帳」など、全五冊にまとめたところ、欠損は実に九九三両にのぼり、総貸付金の五〇％あまりが不良債権と判明した。

鷹藁による経営実態の把握を踏まえ、すぐ中橋店の改革案が作成された。同店は当初、休店も視野に入れたが、あまりに巨額な負債を眼の前にして、是が非とも再建の道筋をつけねばならなかった。まとめられた改革案は、支出を抑制しつつ（経費節減と諸預り金の利下げ）、収入の増加をめざす（貸付金の回収と財産処分）という明快な内容だが、負債返済のためには、ひきつづき浅草米店からの援助が不可欠となる。

鷹藁がまとめた決算簿によれば、同店の資産は、①貸付金、②当座貸付金、③現金、④証書、⑤不動産、⑥その他、という構成であり、その六〇％を貸付金が占めていた。貸付先は、大名家がもっとも多く約三六％、代官が約一三％である。両替業をはじめるきっかけとなった、田安・一橋家への貸付は意外と少なく、額面で全体の一％に満たなかった。

経営環境の悪化

中橋店と浅草米店は、互いに綿密な業務分担をおこなった。大坂本店の統括下で互いを監査し、金融関係を保証する。また、浅草米店から大坂への送金は中橋店を経由させるなど、会計上のつながりを密にした。

江戸時代後半の社会情勢では、貸付先の武家、とりわけ中橋店が掛屋をつとめた中・下級の武士たちは、厳しい財政状況におかれていた。貸付金のうちには、止むを得ず永代貸の形をとり、事実上の不良債権化する場合さえみられた。中橋店としては、掛屋業務を介し諸家に出入りする以上、彼らとの縁故も無視するわけにはいかず、ある程度の滞金を覚悟のうえで、用立てたのである。

また、商人向けの貸付は、全体の約三三％にあたる量で、そのうち四割が幕府の御用達商人を対象とした。これも、回収不能になる場合が多かった。また、別家や奉公人にも用立てたが、身内であるためだろうか、実に三分の二近くが取り立て困難に陥ったという。

一方で、両替町・溜池永井町・霊岸島長崎町・牛込に抱屋敷《かかえやしき》（借家）を所有し（これも別子銅山経営の担保となった）、借家の経営をおこなった。ただし中橋店は、三井両替店ほど家を担保とした貸付をせず、抵当物件としての例は少ない。

抱屋敷の購入については、大坂本店との交渉が必須であった。所有地に家を建てて貸すことや、店舗・抱屋敷の修繕・新築などの場合も同様であり、また浅草米店もそうであったが、江戸出店の事業は、重要案件のみならず、原則として大坂本店の判断を仰ぐ必要があった。

中橋店再建の模索

浅草米店からの送金が続けられたにもかかわらず、中橋店の経営は、一向に持ち直す気配がなかった。社会全体を見渡しても、天保改革以降の経済情勢は悪く、かえって負債は増加した。鷹藁の改革は、五年を目途として進められたが、期限の一八四一年になっても、借金の完済は難しかった。

翌年には、いったん株仲間が解散され、札差の業務にも混乱が生じた。一八四三年の「無利息年賦返済令」は、浅草米店の経営にとりわけ大きなダメージを与えた。別家茂右衛門の札差店は休店し、清水家札差をつとめた平右衛門店が閉店に追い込まれ、中橋店の経営に悪影響をおよぼしたのである。もっとも、幕府の財政状況も最悪で、飢饉救済・江戸城西丸炎上などを理由とした御用金調達が頻発し、市中の人びとを困らせた。

写真 7-9　中橋店（上槇町）付近 現在の様子

一八四九年正月には、大坂本店の老分《ろうぶん》（重役）北脇治右衛門が、中橋店・浅草米店の経営再建を目指して、江戸へ出向いた。彼が改革案をまとめたころ、今度は大坂本店が資金繰りに行き詰まり、結局十月に中橋店は休業に追い込まれる。これ以降、本両替の業務はもとより、諸家の掛屋業務は、辞退せざるを得なくなった。負債総額は、三万両以上に達した。返済にあたっては、中橋店がつとめていた田安家の御用を一時的に引き継ぐなど、浅草米店にも相応の負担が強いられた。

中橋店はこうして、いったん金融業務から手を引いた。一橋家の御用を辞退するさい、引き継ぎ先に弁済金を支払う事態となり、一八五〇年には、両替店の店舗と屋敷が譲渡されてしまった。このとき、中橋店は廃止される予定だったが、大坂本店は存続方針をとった。金融業務をおこなう以前の役割、すなわち、別子銅山の運営にかかわる折衝事務の窓口として、引き続き役に立てようとしたからである。

もっとも、店舗は、上槇町から南東へ五〇〇メートル離れた正木町（東京都中央区京橋一丁目）の借家へ移転した。また、業務の大幅な縮小のため、一時は二〇名以上を数えた店員のほとんどを転勤させ、支配人以下、六名体制とした。休店時の負債は、浅草米店からの資金援助を得て、年賦返済を目指すことになった。店舗を維持運営する諸経費（年間二一三両ほど）は、大坂本店から年二〇〇両の援助をうけることで、ようやく賄われた。

一八五六年九月、井伊に代わり、吉村市郎右衛門が中橋店の支配人に任じられた。吉村は、南槇町（以前の所在地である上槇町からも近く、南側にあたる）に土蔵を購入、家屋敷は賃借して、あらたな店舗とした。ここで、本格的な金融業務を再開する。当初、いくつかの旗本・代官の家へ出入りし、勝手賄（会計担当）をつとめた。次いで一八六一年には、ふたたび田安家の掛屋御用を命じられている。

また、横浜貿易が始まると、飯田藩（長野県）の国産品・生糸に対する為替金の御用を命じられ、同様に一八六五年には、盛岡藩（岩手県）の生糸出荷の経理に関与している。時局の変化とともに中橋店は再び、事業拡大に転じるのだが、それでも貸付金の回収はうまく進まず、欠損が続いた。

江戸からの一時撤退

浅草米店はこの間、札差金融を通じ、一定の利益を上げ続けていた。一八五三年三月からは、江戸古銅吹所の掛屋御用もつとめた。この吹所は、一七九六年に設立されたものである（第６章）。

銅産出量・生産量の減少と、地売銅の需要拡大に応じて江戸に集められる古銅を回収、吹き直し、再販売をおこなう機関であった。古銅の買い入れ・吹方・売り払いは、大坂の銅吹屋仲間八軒が交代で担当していたが、銅代の預り金・納め金の管理や、資金運用は、以後、浅草米店でおこなうこととなった。

浅草米店の事業は、ようやく持ち直したようにみえたが、他方で経営難である中橋店救済にも力を貸さねばならず、最終的に欠損に陥った。また、一八五五年の大地震で、あらたに店舗を建て直すための費用が嵩み、負債が一万両を越えるようになってしまう。

そこで浅草米店の支配人は、大坂本店に救済を申し出た。これをうけ、老分今沢卯兵衛を中心として、中橋店・浅草米店を含めた、制度改革がおこなわれる。その内容は、①中橋店の新規（武家）取引を禁止する。②中橋店は大坂本店承認のもと貸し付けをおこなう。③浅草米店から中橋店への援助は廃止する。その代わりに浅草米店の利金は、以前と同じく大坂へ送金する。④浅草米店は二年ごとに大坂本店の会計監査をうける、というものである。

幕末における社会変革の影響を直接的に受け、中橋店・浅草米店も、経営面で大打撃を受け、混乱に陥った。大坂本店は、改革を通じ、直接その迷走を軌道修正しようとしたが、そうこうしているうちに、わが国全体が明治維新という、時代の波に飲み込まれてしまった。そもそも支配階級である武士身分、それ自体が存亡の危機を迎えるなか、札差業・両替業といった職種が生き延びられる保障は、どこにもないのだ。

一八六八年四月の江戸城明け渡しは、事実上の幕府崩壊を意味した。もはや中橋店・浅草米店が活動する余地はみあたらない。同年七月には、両店の閉鎖が決定され、翌一八六九年正月、江戸の住友出店はともにその歴史にいったん幕を下ろしたのである。

コラム　娯楽としての開帳と浅草米店

江戸時代、多くの人びとが好んだ娯楽として、寺社の開帳がある。開帳とは通常、秘仏とされている本尊・什物類を特別に公開することだが、とりわけ成田山新勝寺・信州善光寺と、嵯峨清凉寺の三カ寺の開帳は、江戸で人気が高く、賽銭もよく集まることで知られていた。

このうち、清凉寺は住友の菩提寺のひとつである。同寺の本尊である釈迦如来像を江戸に運び、拝観の対象とした。江戸でいちばん賑やかな遊興街でもある、両国の回向院《えこういん》境内が会場であった。

開帳はそもそも、寺社の経営を維持するため、資金を獲得する目的でおこなわれる。だから、多くの人びとを集める必要がある。江戸時代後半になると、宗教的な色合いだけでなく、回向院周辺に茶屋や芸能興行、床店《とこみせ》（露店、小規模な商店）が軒を連ねるようになり、開帳は、娯楽の要素が増していった。

この清涼寺の江戸開帳に、住友は大きくかかわった。具体的には、幕府への必要書類提出、準備・会場設営から期間中の運営業務にいたるまですべて、浅草米店の店員が差配したのである。

一八一〇年、回向院の開帳を訪れた大田南畝《おおたなんぽ》は、「庚午六月十五日より両国回向院にて嵯峨瑞像《ずいぞう》開帳あり、同十六日舟をうかべて両国にいたる、浅草御蔵前泉屋茂右衛門は予が札差なり、此ものの案内にて内陣にいり諸の宝物をみる事を得たり」と記している。茂右衛門は前述のように、元浅草米店支配人の別家である。

南畝は、自家の金融を浅草米店に預託していた。以前、大坂銅座に勤務したことがあり、そのとき、住友との関係を得たと思われる。回向院で開帳がはじまるとすぐにやってきて、一般客は入れない内陣から拝観した。

これは浅草米店が実質上、開帳場の差配を取り仕切ったからできたことであり、いわば顧客へのサービスであった。狂歌師として著名な南畝も、それに返答して「両国で三国一の御仏の 戸張りひらけば 黄金ふると」という狂歌を面白おかしく詠み、寺の側はそれでいっそうの集客につとめたといわれる。

本章で述べたように、住友では札差業を営むにあたり、投機行為をかたく慎み、いた

写真 7-10　回向院開帳祭（『江戸名所図会』）

って堅実な経営に徹した。だが、開帳や祭礼など都市文化を支えるパトロンとしての責任は、これとはまったく別モノである。当時、ある程度の資産を有する者なら誰しも、人びとの信仰や娯楽にかかわる分野に、経済的な支援を惜しまないのは当然と考えた。住友も、江戸という社会の一員として、確かな奉仕を実行している。

富める者が社会に対して、どのような姿勢をとっていくか。このことは、時代を通じても変わることのない、重要な課題である。私たちは今こそ、歴史に深く学ばなければならない。

◆参考文献◆

全体にわたるもの
小葉田淳『日本鉱山史の研究』（岩波書店、一九六八年）
小葉田淳『日本銅鉱業史の研究』（思文閣出版、一九九三年）
『住友別子鉱山史』上巻・下巻・別巻（住友金属鉱山株式会社、一九九一年）
『住友林業社史』上巻・下巻・別巻（住友林業株式会社、一九九九年）

第1章
朝尾直弘「私注「文殊院旨意書」」（『住友史料館報』第三七号、二〇〇六年）
『泉屋叢考』第一輯「文殊院小伝」（住友修史室、一九五一年）
『泉屋叢考』第二輯「文殊院の研究」（住友修史室、一九五一年）
『泉屋叢考』第三輯「文殊院遺文　上」「釈及上東流抄」（住友修史室、一九五二年）
『泉屋叢考』第四輯「文殊院遺文　下」（住友修史室、一九五二年）
『図録　日本出版文化史展'96京都――百万塔陀羅尼からマルチメディアへ――』（日本書籍出版協会、

一九九六年）

第2章

今井典子「「御用諸山銅紗吹留帳」について」（『住友修史室報』第一四号、一九八五年）
今井典子「近世日本の銅――銅市場と銅統制――」（『住友史料館報』第三九号、二〇〇八年）
安国良一「「予州別子御銅山未来記」を読む」（『住友史料館報』第三八号、二〇〇七年）
『泉屋叢考』第五輯「蘇我理右衛門寿済翁の研究」（住友修史室、一九五四年）
『泉屋叢考』第六輯「南蛮吹の伝習とその流伝」（住友修史室、一九五五年）
『泉屋叢考』第七輯「近世前期に於ける住友の興隆」（住友修史室、一九五六年）
『泉屋叢考』第一一輯「別子稼行以前の住友鉱業」（住友修史室、一九五九年）
『泉屋叢考』第一二輯「住友の吉岡銅山第一次経営」（住友修史室、一九六〇年）
『泉屋叢考』第一四輯「住友の吉岡銅山第二次経営とその後」（住友修史室、一九六九年）

第3章

川田順『住友回想記』（中央公論社、一九五一年）
末岡照啓共編著『近世の環境と開発』（思文閣出版、二〇一〇年）

安国良一「別子銅山の開坑と周辺幕領」(朝尾直弘教授退官記念会編『日本国家の史的特質　近世・近代』思文閣出版、一九九五年)
安国良一「近世別子災害年表」(『住友史料館報』第一九号、一九八九年)
安国良一「近世の災害情報と住友」(『住友史料館報』第三六号、二〇〇五年)
『泉屋叢考』第一三輯「別子銅山の発見と開発」(住友修史室、一九六七年)
『泉屋叢考』第一七輯「住友と立川銅山」(住友修史室、一九七七年)
『別子銅山図録』解説(別子銅山記念出版委員会、一九七四年)
『フランス人鉱山技師ルイ・ラロック著　別子鉱山目論見書』第1部(住友史料館、二〇〇四年)

第4章

井野辺潔・黒井乙也校註『染太夫一代記』(青蛙房、一九七三年)
岩橋勝「伊予における銭匁遣い」(地方史研究協議会編『瀬戸内社会の形成と展開――海と生活――』雄山閣出版、一九八三年)
加藤国安『伊予の陶淵明近藤篤山』(研文出版、二〇〇四年)
加藤国安「近藤篤山と別子銅山」(『地域創成研究年報』第一号、二〇〇五年)
近藤則之「近藤篤山」(『近藤篤山・林良斎』明徳出版社、一九八八年)

末岡照啓「幕末期の住友――危機とその克服――」（『住友修史室報』第一六号、一九八六年）
星加宗一「東予俳諧略説」（『伊予史談』一四三～一四五、一九五六・五七年）
安国良一「別子銅山の産銅高・採鉱高について――近世後期を中心に――（一）（二）」（『住友史料館報』第二二・二三号、一九九一・九二年）
安国良一「別子銅山の損益と泉屋大坂本店」（『住友史料館報』第三三号、二〇〇二年）
安国良一「一八・一九世紀の通貨事情と別子銅山の経理」（『住友史料館報』第三二号、二〇〇一年）
『泉屋叢考』第二三輯「近世住友の家法」（住友史料館、一九九七年）

第5章

今井典子「「鼓銅図録」の撰文者、増田半蔵のこと」（『住友修史室報』第一五号、一九八六年）
今井典子「近世住友銅吹所見分・入来一覧」（『住友史料館報』第二八号、一九九七年）
今井典子「近世住友銅吹所幕府高官見分応接の儀礼について（その1）～（その4）」（『泉屋博古館紀要』第一五～一七・一九巻、一九九八～二〇〇〇・二〇〇三年）
今井典子「貞享・元禄期の銅貿易と住友」（『住友史料館報』第三二号、二〇〇一年）
今井典子「宝永・正徳期の銅貿易と住友」（『住友史料館報』第三三号、二〇〇二年）
今井典子「南蛮吹と近世大坂の銅吹屋仲間」（『住友史料館報』第三五号、二〇〇四年）

今井典子「長崎貿易体制と元文銅座」(『住友史料館報』第三八号、二〇〇七年)
今井典子「近世日本の銅――銅市場と銅統制――」(『住友史料館報』第三九号、二〇〇八年)
安国良一「『鼓銅図録』の書誌的検討」(『住友史料館報』第三〇号、一九九九年)
『住友銅吹所跡発掘調査報告』(財団法人大阪市文化財協会、一九九八年)
『泉屋叢考』第八輯「近世前期の銅貿易株と住友」(住友修史室、一九五六年)
『泉屋叢考』第九輯「近世前期に於ける銅貿易と住友」(住友修史室、一九五七年)
『泉屋叢考』第一〇輯「近世前期に於ける住友の輸入貿易」(住友修史室、一九五八年)
『泉屋叢考』第一八輯「第一次銅座と住友」(住友修史室、一九八〇年)
『泉屋叢考』第一九輯「近世住友の吹所の研究」(住友修史室、一九八〇年)

第6章

石井謙治『和船Ⅰ』(法政大学出版局、一九九五年)
今井典子「近世日本の銅――銅市場と銅統制――」(『住友史料館報』第三九号、二〇〇八年)
小葉田淳「江戸古銅吹所について」(小葉田『日本経済史の研究』思文閣出版、一九七八年)
産業新聞社編『近代日本の伸銅業――水車から生まれた金属加工――』(産業新聞社、二〇〇八年)
大丸二百五十年史編集委員会編『大丸二百五拾年史』(株式会社大丸、一九六七年)

仲野義文『銀山社会の解明　近世石見銀山の経営と社会』（清文堂出版、二〇〇九年）
フランシスクコワニェ著・石川準吉編訳『日本鉱物資源に関する覚書』（羽田書店、一九四四年）
安国良一「近世別子銅山の収支構造」（『住友史料館報』第三一号、二〇〇〇年）
安国良一「買請米とその利益――別子銅山買請米制の研究――」（『住友史料館報』第二六号、一九九五年）
安国良一「買請米の割賦と廻送――別子銅山買請米制の研究――（一）（二）」（『住友史料館報』第二七・二八号、一九九六・九七年）
安国良一「近世別子銅山の御用米銀貸付」（『住友史料館報』第二九号、一九九八年）
安国良一「京都粟田口の開発と堀池町屋敷」（『住友史料館報』第二五号、一九九四年）
和船文化・技術研究会編『重要文化財阿波藩御召鯨船　千山丸』（船の科学館、二〇〇四年）

第7章

海原　亮「嵯峨清凉寺釈尊の江戸出開帳と住友」（『住友史料館報』第三六号、二〇〇五年）
海原　亮「江戸の銀銅吹分けと浅草諏訪町」（『住友史料館報』第三八号、二〇〇七年）
末岡照啓「江戸浅草米店（札差店）支配人広瀬義右衛門義泰について」（『住友修史室報』第八号、一九八二年）
末岡照啓「天保の無利息年賦返済令と札差」（『国史学』第一一六・一一七号、一九八二年）

末岡照啓「近世後期住友出店の決算簿――住友会計技術の一端――」(『住友修史室報』第一一号、一九八四年)
末岡照啓「化政期江戸地廻り経済発展期における江戸両替商」(林陸朗先生還暦記念会編『近世国家の支配構造』雄山閣出版、一九八六年)
末岡照啓「近世前・中期における住友の経営構造(一)~(三)」(『住友史料館報』第二四~二六号、一九九三~九五年)
末岡照啓「幕末期、住友の経営危機と大坂豊後町両替店」(『住友史料館報』第三二号、二〇〇一年)
西木浩一「葬送墓制からみた都市江戸の特質」(『年報都市史研究』六、一九九八年)
『泉屋叢考』第一六輯「札差業と住友」(住友修史室、一九七六年)
『泉屋叢考』第二〇輯「近世住友金融概史」(住友修史室、一九八三年)
『泉屋叢考』第二一輯「近世後期住友江戸両替店の創業と経営」(住友修史室、一九八七年)
『泉屋叢考』第二二輯「正徳・享保の新銀鋳造と銀銅吹分け」(住友史料館、一九九二年)
『泉屋叢考』第二三輯「近世住友の家法」(住友史料館、一九九七年)

住友《すみとも》の歴史《れきし》　上巻

2013(平成25)年8月15日発　行
2013(平成25)年11月22日第2刷

定価:本体1,700円(税別)

編　者　住友史料館
発行者　田中　大
発行所　株式会社　思文閣出版
〒605-0089　京都市東山区元町355
電話　075-751-1781(代表)

装　幀　上野かおる(鷺草デザイン事務所)
印　刷　図書印刷株式会社

ISBN978-4-7842-1703-8 C1021

索　引

へ

ほ

ま

み

む

も

や

ゆ

◆表・図・写真一覧◆

口絵

表

図

写真

※出典・所蔵者など特に記載のないものは住友史料館提供

◆略年表◆

年		住友関連事項	一般事項
1572	元亀 3	蘇我理右衛門生まれる(～1636)	
1585	天正 13	住友政友(初代、文殊院)生まれる(～1653)	秀吉、関白となる
1590	18	【京都】蘇我理右衛門が寺町五条に吹所を設置	
1603	慶長 3		江戸幕府開設
1596-1615	慶長年間	蘇我理右衛門が南蛮吹の技術を開発	
1623	元和 9	【大坂】友以(2代、蘇我理右衛門と政友の姉の子)が内淡路町に銅吹所を設置	
1624	10	【大坂】淡路町に店舗を設置	
1624-43	寛永年間	【伊予】立川銅山の開坑	
1630	7	【大坂】淡路町に京都から本店を移す	
1636	13	【大坂】長堀に銅吹所を設置	寛永通宝鋳造開始
1637	14	銅輸出の一時禁止に対し解禁運動	
1641	18		オランダ人を出島に移す
1650	慶安 3	このころ「文殊院旨意書」が書かれる	
1654	承応 3	【京都】嵯峨清凉寺本堂建立	
1662	寛文 2	友以没、友信(3代)が継ぐ	
1677	延宝 5	幕府の足尾銅輸出代金為替方を引き受け	
1678	6	【江戸】中橋上槇町に出店を設置	
		【陸奥】十和田鉛山を経営(泉屋又三郎名義)	
		【大坂】古来銅屋16人の銅屋株確定	
1680	8	【備中】吉岡銅山を経営(～1689、1702～15)	
1681	天和元	【肥前】このころ長崎出店開設	
1683	3	【出羽】幸生銅山を経営(～1699)	
1685	貞享 2	友信(3代)隠居、友芳(4代)が継ぐ	

1686	貞享 3	【江戸】このころ浅草に吹所を設置	
1687	4	【伊予】三島村の祇太夫が別子銅山を試掘	
1690	元禄 3	【伊予】田向重右衛門が別子銅山を見分	
		【大坂】長堀に本店・居宅を移転	
1691	4	【伊予】別子銅山の開坑	
1692・93	5・6	【出羽】幸生銅山の雪害	
1694	7	【伊予】別子銅山の大火(元禄別子大火災)	
1695	8	【伊予】別子、立川銅山の抜合事件発生	
1696	9	【備中】小泉銅鉛山を経営(〜1697、1815〜28)	荻原重秀、幕府の勘定奉行となる
1697	10	【伊予】別子、立川両銅山の境界線決定	
1698	11	【伊予】別子銅山の産銅高が1521トン(江戸時代の最高記録)に達す	
1701	14		元禄銅座(第一次)設置
1702	15	友芳が幕府に銅山振興策を答申	
		【江戸】浅草諏訪町に吹所の屋敷を購入	
		【伊予】別子銅山の買請米制開始、新居浜口屋の設置、銅船に掲げる日の丸船印が許可される	
1703	16	【伊予】泉屋道(別子銅山—新居浜浦間)の開通	
1704-10	宝永元-8	このころ「宝の山」の編集始まる	
1705	2	【伊予】立川銅山でも買請米制開始	
1709	6	【伊予】別子銅山で土佐炭の買入が始まる、代々疏水坑道工事着手	
1712	正徳 2	銅吹屋仲間長崎廻銅請負が始まる	
1714	4	貨幣改鋳に際して銀銅吹分御用を請負う	正徳の貨幣改鋳
1716	享保元	御割合御用銅の仕法始まる	幕府の享保改革が始まる
1719	4	友芳(4代)没、友昌(5代)が継ぐ	
1724	9		大坂大火(妙知焼)

1728	享保 13	【大坂】大坂城代が長堀銅吹所を初めて視察	
1738	元文 3		元文銅座（第二次）設置
1743	寛保 3	【大坂】実相寺にて元禄別子大火災の殉職者、幸生銅山凍死者などの追善供養	
		友昌弟友俊が大坂豊後町に分家、両替業を営む	
1746	延享 3	【江戸】浅草米店が札差業に進出	
1749	寛延 2	【大坂】幕府老中が長堀銅吹所を初めて視察	
1751	4	このころ家政改革の実施、「江戸店掟書之事」など各店部の家法を定める	
1760	宝暦 10	「分与別家式」を定める	
1762	12	【伊予】別子・立川銅山の合併	
1766	明和 3	銅座糺吹師となる	明和銅座（第三次）設置
1768	5	【伊予】別子銅山風水害	
1776	安永 5	【伊予】別子銅山にて寛永疏水坑道の完成	
1785	天明 5	【伊予】別子銅山で大涌水発生	
1787	7		幕府の寛政改革が始まる
1788	8	【江戸】浅草米店が御三卿清水家の蔵元に就任	
1790	寛政 2	別子銅山開坑100年祭	
1792	4	【伊予】別子銅山で小足谷疏水工事に着手（1804中止）	
1796	8		江戸に古銅吹所が設置される
1797	9	【越前】面谷銅山を経営（～1799）	
1804	文化元	【伊予】別子銅山風水害	
1805	2	【江戸】中橋店にて両替業を始め、御三卿一橋家の掛屋に就任	
1808	5	養子として友聞（9代）が家督を相続	
		【江戸】本両替仲間へ加入、中橋店が御三卿田安家の掛屋に就任	

1811	文化 8	銅山御用達の肩書きと住友の苗字使用が幕府により許可される	
1811-19	文化 8-文政2	このころ『鼓銅図録』がまとめられる	
1819	文政 2	三井組とともに銅座掛屋に任命される	
1825	8	【伊予】別子銅山で大涌水発生	
1826	9	【大坂】シーボルトが長堀銅吹所に来訪	
1836	天保 7	【江戸】中橋店の経営再建のため大坂本店から鷹藁源兵衛が派遣される	
1840	11	別子銅山開坑150年祭	
1841	12	【若狭】三幸銅山を経営(～1848)	幕府の天保改革が始まる
1843	14	【江戸】浅草米店・中橋店の経営悪化	幕府の無利息年賦返済令
1849	嘉永 2	【大坂】本店の経営悪化、銅座預り銀の返済猶予願を提出	
1850	3	【伊予】大坂の浄瑠璃師竹本梶太夫一行来訪	
1853	6		ペリー浦賀来航
1854	安政元	【伊予】地震後に別子銅山の採鉱場水没	安政南海地震
1868	明治元	【伊予】別子銅山で小足谷疏水坑道工事再開	明治維新
1869	2	【江戸】中橋店・浅草米店の閉鎖	
		【伊予】別子銅山で山銀札発行、立川精銅場操業	
1873	6		日本坑法制定
1874	7	【伊予】フランス人技師ルイ・ラロックが別子に赴任	
1876	9	【大坂】長堀銅吹所の閉鎖	

◆住友家系図◆

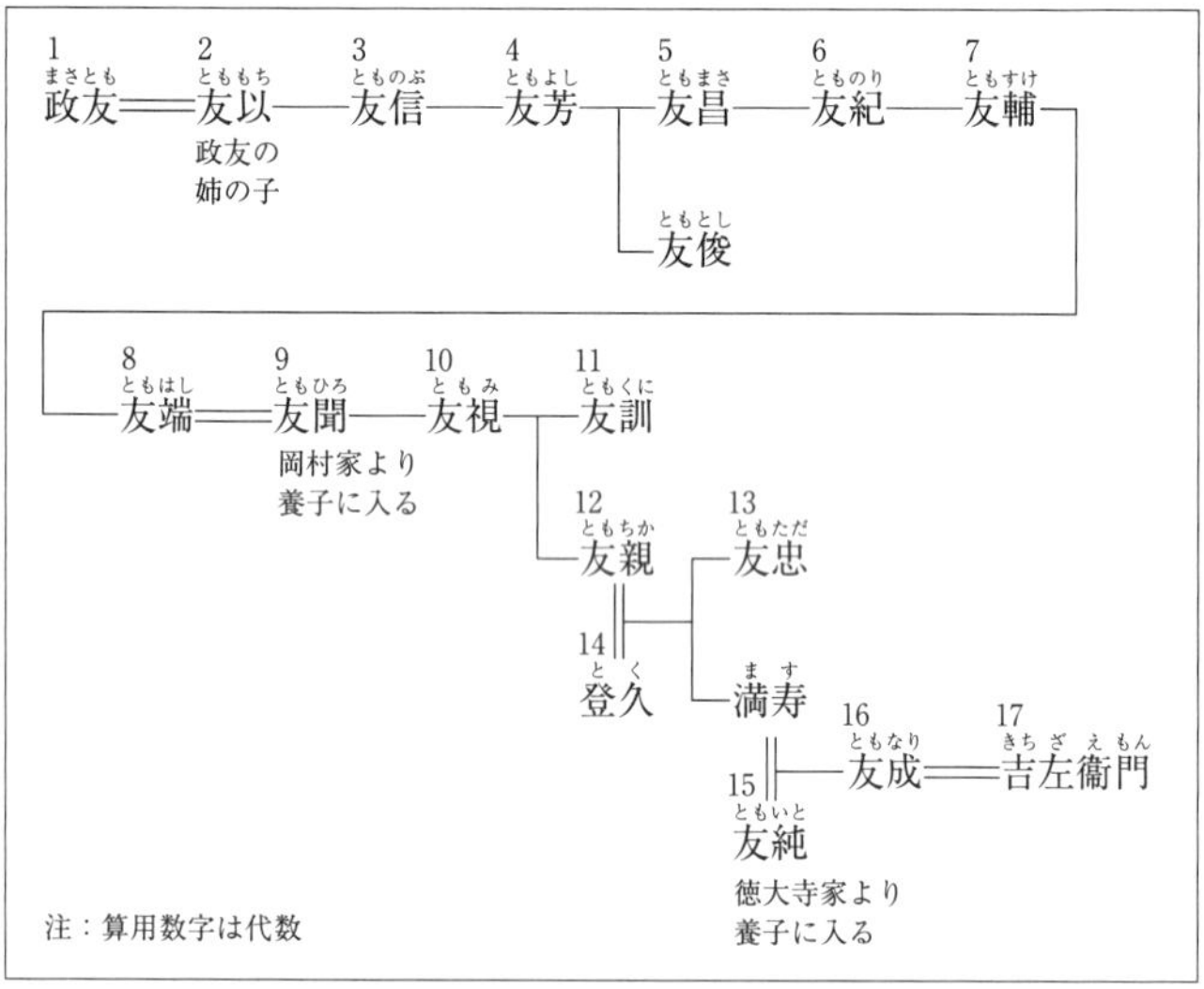

住友家歴代当主生没年ならびに家督期間一覧

歴代	名前(通称)	生没年	家督期間
初代	政友	1585～1652	
2代	友以(理兵衛)	1607～1662	～1662
3代	友信(吉左衛門)	1647～1706	1662～1685
4代	友芳(吉左衛門)	1670～1719	1685～1719
5代	友昌(吉左衛門)	1705～1758	1720～1758
6代	友紀(吉左衛門)	1741～1816	1759～1781
7代	友輔(万次郎のち万十郎)	1764～1804	1781～1792
8代	友端(吉次郎)	1788～1807	1792～1807
9代	友聞(吉次郎のち甚兵衛)	1787～1853	1807～1845
10代	友視(吉次郎)	1808～1857	1845～1857
11代	友訓(吉次郎)	1841～1864	1857～1864
12代	友親(吉左衛門)	1843～1890	1865～1888
13代	友忠(吉左衛門)	1872～1890	1888～1890
14代	登久(徳)	1849～1899	1890～1893
15代	友純(吉左衛門)	1864～1926	1893～1926
16代	友成(吉左衛門)	1909～1993	1926～1993
17代	吉左衛門	1943～	1993～